A REVOLUÇÃO DA
INOVAÇÃO ABERTA

A CHAVE DA NOVA
COMPETITIVIDADE NOS NEGÓCIOS

Traduzido por:
Alexandre Callari

A REVOLUÇÃO DA
INOVAÇÃO ABERTA

A CHAVE DA NOVA
COMPETITIVIDADE NOS NEGÓCIOS

STEFAN LINDEGAARD

Diretor-presidente
Henrique José Branco Brazão Farinha

Publisher
Eduardo Viegas Meirelles Villela

Editora
Cláudia Elissa Rondelli Ramos

Revisão Técnica
Renato Fonseca de Andrade

Capa
Listo Comunicação

Foto de capa
Istockphoto/Network

Produção
Konsept design & projetos:
Cláudia Razzante (*revisão*), Flávia Gonzales
(*diagramação*), Karina Barbosa (*projeto gráfico*)
e Raquel Serafim (*arte final*)

Impressão
Prol Gráfica

Título original: *The Open Innovation Revolution:
Essentials, Roadblock and Leadership Skills*
Copyright © 2011 by Editora Évora Ltda
A tradução desta publicação foi feita sob acordo
com John Wiley & Sons International Rights, Inc
Todos os direitos desta edição são reservados
à Editora Évora.
Rua Sergipe, 401 – Cj. 1.310 – Consolação
São Paulo – SP – CEP 01243-906
Telefone: (11) 3717 1247
Site: http://www.editoraevora.com.br
E-mail: contato@editoraevora.com.br

DADOS INTERNACIONAIS PARA CATALOGAÇÃO NA PUBLICAÇÃO (CIP)

L722r
    Lindegaard, Stefan.
       [The open innovation revolution. Português]
       A revolução da inovação aberta : princípios básicos, obstáculos e
habilidades de liderança / Stefan Lindegaard. - São Paulo : Évora, 2011.
       ...p. ; ...cm.

       Tradução de: The open innovation revolution : essentials, roadblocks,
and leadership skills.

       ISBN 978-85-63993-07-6

       1. Inovações tecnológicas. 2. Liderança. 3. Empreendimentos.

I. Título.

                                                    CDD- 658.063

Sumário

Apresentação à Edição Brasileira..IX

Prefácio à Edição Brasileira...XI

Prefácio...XV

Introdução...XIX

Parte 1 – Princípios Básicos...1

Capítulo 1 – Por que a Inovação Aberta é Importante.................................3

Inúmeros Desafios..4

P & G: Como é Feita a Inovação Aberta..9

Tarefas-Chave do Capítulo..11

Capítulo 2 – Com o que a Inovação Aberta se Parece.................................13

Benefícios, Desafios e Obstáculos..17

Mercados de Inovação: Um Recurso Majoritário Para a Inovação Aberta........19

Os Elementos Essenciais da Confiança..20

Tarefas-Chave do Capítulo..23

Capítulo 3 – Como Abordar a Inovação Aberta..25

Elementos de uma Cultura de Inovação Aberta...26

Questões Difíceis e Grandes Respostas – a General Mills Prepara a Inovação Aberta..29

Tarefas-Chave do Capítulo..34

Capítulo 4 – As Primeiras Coisas Primeiro..35

Qual a sua Ordem para a Inovação Aberta?...36

A Estratégia da Inovação e os Propósitos Estratégicos.................................38

Criando Ideias que Vão Direto ao Alvo por Terem um Tema Conceitual..........41

Análise dos Colaboradores..42

Estratégia de Comunicação...43

Linguagem Comum 43

CBL(F) 44

Seja Inovador em vez de Tentar Ser Inovador 45

Hoje Bombas. Inovação Radical Para o Futuro! 47

Tarefas-Chave do Capítulo 50

Capítulo 5 – Como Identificar e Desenvolver as Pessoas que Dirigem a Inovação Aberta 51

Foco nas Pessoas 53

Precisa-se de Dois Tipos de Pessoas 55

Características a se Buscar em um Líder ou Empreendedor Inovador 58

Perguntas a se Fazer 63

Saindo Deste Mundo de Inovação 64

Conheça Michael e Johnnie:Empreendedores Internos Profissionais 66

Tarefas-Chave do Capítulo 70

Capítulo 6 – A Cultura Conectada da Inovação 71

Por que uma Cultura Conectada é Importante 72

Com o que se Parece uma Cultura Conectada 72

Três Tipos de Redes 74

Ferramentas Virtuais 75

Ferramentas da Web em Ação 76

Rede de Relacionamentos Cara a Cara 77

Obstáculos Potenciais 79

Tarefas-Chave do Capítulo 82

Parte 2 – Obstáculos 83

Capítulo 7 – Por que Executivos De Ponta Não Entendem a Inovação, Muito Menos a Inovação Aberta – e O Que Fazer a Respeito 85

Os Porquês 86

Como Operar Nesse Ambiente 91

Tarefas-Chave do Capítulo 95

Capítulo 8 – Vencendo os Anticorpos Corporativos 97

Detectando os Anticorpos 97

Algumas Soluções 99

Dominando a Gestão Participativa 100

Tarefas-Chave do Capítulo 103

Capítulo 9 – Inovação Radical Como Um Obstáculo 105

Escolhendo Este Caminho 107

Tarefas-Chave do Capítulo 110

Parte 3 – Liderança Pessoal Para a Inovação Aberta 111

Capítulo 10 – Definindo o Sucesso 113

Caminhos Para o Sucesso 115

Bom Senso Aplicado – Visões Pessoais e Lucros Alinhados 119

Tarefas-Chave do Capítulo 124

Capítulo 11 – Conheça seus Valores 125

Meus Valores 126

Classificação de Pontos Fortes 127

A Classificação do VIA Para os Pontos Fortes do Caráter 128

E agora? 130

Tarefas-Chave do Capítulo 131

Capítulo 12 – Fazendo a Mudança Acontecer 133

Cinco Passos Para uma Estratégia de Mudança 135

Tarefas-Chave do Capítulo 141

Capítulo 13 – Gerenciando o Tempo 143

Analise o seu Orçamento de Tempo 144

Como as Coisas Ficaram Assim? 146

Reserve Tempo Para Pensar 147

Coloque o Gerenciamento do Tempo em Prática 148

Reconhecendo o Desafio de Gerenciar o tempo 150

Tarefas-Chave do Capítulo 154

Capítulo 14 – Polindo a Sua Marca Pessoal 155

Por que isso é importante? 156

Modelos Exemplares 157

Crie a Sua Marca Pessoal 157

O Futuro – As Suas Metas Estratégicas 158

Você Sobre Você 159

Os Outros Sobre Você 160

Conheça o Seu Ambiente 163

Comunique a Sua Marca Pessoal 164

Um Exercício 167

Avalie e Evolua 167

Tarefas-Chave do Capítulo 169

Capítulo 15 – Fortalecendo a Sua Rede 171

Três Tipos de Redes 173

Maximize os Seus Esforços de Rede 175

Análise da Rede Pessoal 178

Use a Rede: Influência e Ação 179

Rede de Trabalho no Mundo Real 179

Tarefas-Chave do Capítulo 183

Capítulo 16 – Venda a Sua Visão e as Suas Ideias 185

A Relação Proposta 185

A Abordagem de 1 Minuto 187

Tarefas-Chave do Capítulo 192

Capítulo 17 – Competições Corporativas Comerciais 193

Como Tudo Começou 194

A Hewlett-Packard Sobe a Bordo 195

Estruturando a Sua Competição 196

Crie um Veículo Para a Inovação Aberta 201

Decisões Pós-Competição 206

Tarefas-Chave do Capítulo 207

Capítulo 18 – A Revisão: Tudo em Um Só Lugar 209

Apêndice A – Os Dez Tipos de Inovação 221

Apêndice B – Exemplos e Fontes de Inovação Aberta 225

Posfácio à Edição Brasileira 233

Apresentação à Edição Brasileira

— por Carlos Henrique Henrique e José Walter da Silva Júnior

QUANDO O *PUBLISHER* EDUARDO VILLELA nos convidou para escrever um texto de apresentação da edição brasileira do livro *"The open innovation revolution: essentials, roadblocks, and leadership skills"* de Stefan Lindegaard, duas sensações afloraram: a primeira, referente à honra e ao júbilo pela lembrança de nosso nome; a segunda, referente à imensa responsabilidade de, em pouco mais de uma página, expressar a você, leitor, a relevância e a aplicabilidade do conteúdo do livro. Mas como agentes de inovação, compreendemos que o desafio é inerente ao resultado. Então, após a leitura do mesmo, facilmente identificamos a mensagem que deveríamos deixar. Vamos lá!

Ilustramos a Inovação Aberta com a discussão de dois meninos sobre a certeza de seus pontos de vista em relação a determinado assunto, onde cada menino não aceita o ponto de vista alheio e briga inutilmente para convencer o outro de que a sua opinião é a correta. Estes meninos, quando amadurecidos, já homens, aprendem a ouvir e aproveitar o que há de melhor no ponto de vista do outro e somar, para então compor um terceiro ponto de vista, mais completo, diferente, mais assertivo. Do mesmo modo, nosso entendimento sobre a Inovação Aberta não é valorizar apenas o que vem de fora, mas aceitar outros pontos de vista sobre um assunto que se imagina dominar, e então somar conhecimentos e esforços, internos e externos, para inovar.

Vivenciamos um ambiente particular de P&D onde a Inovação Aberta é praticada há mais de vinte anos. Muito antes de utilizarmos a palavra inovação ou gestão de inovação, nosso CEO, Norival Bonamichi, já dizia que "na gaveta de cada professor universitário existem alguns projetos de pesquisa e a missão de vocês é interagir e transformar estes projetos de pesquisa em produtos ou soluções ao agronegócio nacional [...] retirá-los das gavetas...". Ou seja, trabalhamos sob uma forte cultura de Inovação Aberta, obtendo grandes resultados com isso.

Mas a maravilhosa surpresa ao ler esse livro que os senhores têm em mãos foi a constatação de que há muito ainda por ser feito. Compreendemos com a leitura deste livro que a Inovação Aberta pode ir além de P&D, que pode ser um modelo de gestão presente em qualquer departamento da organização, e ser utilizada por empresas que nem tenham um departamento de P&D.

Já compreendíamos que a inovação depende mais das pessoas do que de qualquer outro recurso e que o ambiente de trabalho é quem permite aos colaboradores expressarem seu potencial. Mas nesta leitura pudemos verificar ferramentas para promover a constante manutenção do meio, para permitir um melhor desempenho da Inovação Aberta, que se faça presente inclusive no campo do autoconhecimento dos líderes responsáveis pela inovação, pois além do ambiente adequado, seus colaboradores precisam que o líder esteja alinhado com o seu discurso.

Acreditamos que, neste Brasil que tende a crescer quase dois dígitos ao ano na próxima década, a Inovação Aberta não deva ser encarada como um modismo de gestão, tampouco como uma alternativa para acelerar o crescimento das empresas. Ela é o único caminho viável para o crescimento sustentável e a permanência no mercado.

Boa leitura!

Carlos Henrique Henrique
Médico Veterinário, Diretor de PDI da Ourofino Agronegócios.

José Walter da Silva Júnior
Médico Veterinário, Gestor de Inovação da Ourofino Agronegócios.

Prefácio à Edição Brasileira

— por Roberto Debom e Robert Woolley

O PROCESSO DE INOVAÇÃO É MUITO COMPLEXO e requer um planejamento contínuo e eficaz. Por muitos anos, acreditou-se que cada indústria deveria desenvolver seu próprio projeto internamente, sob forte sigilo e controle. No entanto, o mundo mudou e as ideias não ficam mais restritas às nossas cabeças, aos muros das indústrias, ou às fronteiras entre países; mas são disseminadas como nuvens ao redor do mundo pela rede mundial de computadores, na velocidade de um raio, e com a mesma imponência de um trovão.

As empresas perceberam que muitas dessas ideias são as respostas para os problemas de seus projetos; são sugestões para aperfeiçoar seus produtos já existentes, e também são as ideias para os próximos produtos. Não se pode mais fechar os olhos para o fato concreto de que a inovação não é mais um processo exclusivamente interno das empresas. Dentro desse contexto, as empresas se abriram para receber durante seus processos de inovação parceiros, como consumidores, pesquisadores externos, fornecedores, e concorrentes.

A Inovação Aberta surge como um modelo de gestão da inovação, específico do sec. XXI, onde as empresas podem optar por não investir totalmente seus recursos em suas pesquisas e projetos, mas optar pela compra ou licenciamento de projetos ou processos de inovação de outras empresas, universidades ou institutos de pesquisa. Além disso, existe a possibilidade de gerar ganhos com seus projetos e invenções desinteressadamente, passando a licença para outras empresas que percebem a oportunidade de utilizá-las. A Inovação Aberta transforma o funil da inovação da empresa em fluxo contínuo, no qual os recursos se movem facilmente na fronteira porosa entre empresa e mercado, exercendo um impacto de forma significativa nos custos de P&D de projetos e na minimização de riscos.

Ao ler este livro, será possível ao leitor compreender e perceber a necessidade de atuar na Inovação Aberta, quais as barreiras para ter um processo eficaz e o perfil de liderança para comandar um processo de Inovação Aberta. Stefan Lindegaard consegue transmitir o motivo, os desafios, os atalhos e a forma como a Inovação Aberta pode ser um diferencial competitivo em sua empresa.

O livro inicia com seis capítulos na parte I descrevendo as verdades e os mitos da Inovação Aberta. O autor aborda de forma direta o que é Inovação Aberta, a quais empresas o modelo de Inovação Aberta se aplica, e revela, sem romantismo, quais são os desafios e necessidades gerenciais e culturais da empresa e qual o perfil de uma equipe comprometida com um projeto de Inovação Aberta.

Na parte II, Stefan Lindegaard dedica três capítulos transmitindo ao leitor, em especial aos executivos e CEOs, que a Inovação Aberta é muito mais difícil do que se pode imaginar, e que não pode ser encarada como um modismo de fácil introdução e assimilação pelos funcionários e *stakeholders*. O leitor deve dedicar especial atenção aos capítulos que descrevem a importância sobre a cultura necessária para o desenvolvimento de projetos de Inovação Aberta.

A terceira parte do livro é direcionada a aqueles que, após entenderem a necessidade e a oportunidade de atuarem com Inovação Aberta, de compreenderem e aceitarem os desafios e riscos inerentes, estejam dispostos a atuar com esta linha de raciocínio e ação. Nesta terceira parte, o leitor vai entender quais as competências necessárias para o planejamento e para a execução de projetos desta natureza e o nível de comprometimento e dedicação que os executivos e CEOs devem desprender para que a Inovação Aberta seja uma realidade em sua empresa.

Este livro não é uma mera exposição do que seja a Inovação Aberta, ao explanar sobre desafios e necessidades, mas um verdadeiro guia do que seja a Inovação Aberta, ao identificar se a sua empresa necessita dela, e como tornar essa oportunidade uma vantagem competitiva.

Boa Leitura!

Roberto Debom
Diretor do Centro de Pesquisa, Desenvolvimento e Inovação do
Laboratório Cristália.

Robert Woolley
Pesquisador Sênior do Centro de Pesquisa, Desenvolvimento e Inovação do
Laboratório Cristália.

Prefácio

EU SEMPRE ESCUTEI FALAR que os empresários de novas companhias expressavam sua inveja por empreendedores internos que trabalham para grandes companhias. Segundo os esforçados empresários, esses inovadores internos têm a vida que pediram a Deus. Eles supostamente têm acesso a todas as coisas que faltam aos empresários: amplo capital, infraestrutura confiável e uma organização tutelar estabelecida. Quem poderia não se dar bem em um ambiente assim?

Esse ponto de vista negligencia dois fatos difíceis da vida que muitos empreendedores internos têm que lidar diariamente. Primeiro, eles não receberam simplesmente a chave da caixa registradora da companhia; com freqüência eles têm que lutar com unhas e dentes para obter os recursos financeiros e humanos necessários para fazer com que seus projetos decolem e continuem progredindo. Além disso, eles se colocam contra um exército de pessoas que estão ferozmente dedicadas a manter o *status quo* da companhia. Ao encarar empresários natos, outros arraigados e, vamos ser honestos, às vezes até alguns ineptos, os empreendedores internos têm que lutar para descongestionar o pensamento empresarial em companhias estabelecidas, até que esses desafios singulares sejam compensados.

Em tempo, a vida não é exatamente um mar de rosas para a maioria dos empreendedores internos. Eles encaram desafios que levariam pessoas menos apaixonadas, menos direcionadas e menos talentosas a rapidamente abrirem mão em sinal de derrota. É por isso que eu os amo. Eles estimulam o ímpeto e a criatividade que as companhias precisam para ficar um passo à frente. Eles sacodem as coisas. Eles assumem todas as críticas. Eles constroem um novo futuro para suas companhias. É algo bastante excitante!

Fica claro, a partir deste livro, que Stefan Lindegaard também adora empreendedores internos. Ele os entende claramente e também ao mundo empresarial que eles vivem. Ele nos forneceu um guia prático e reflexivo sobre como os líderes da inovação corporativa e os empreendedores podem enfrentar o novo desafio que todos os inovadores corporativos encaram: como operar em um mundo de Inovação Aberta, onde novas habilidades são necessárias para estimular os relacionamentos externos, essenciais para se ficar na frente dos competidores, em uma época em que o conhecimento corre solto pelo mundo, 24 horas por dia, nos sete dias da semana.

Assim como este livro deixa claro, Stefan assume que o sucesso empreendedor tem tudo a ver com as pessoas. Claro, você precisa ter processos de inovação eficientes bem posicionados, não dá para negar isso. Mas como Stefan explica, sem as pessoas certas para guiar esses processos, as chances de sucesso diminuem dramaticamente. Ao passo em que a Inovação Aberta se torna a norma, desenvolver as habilidades das pessoas certas, incluindo conhecer as redes de relacionamentos, comunicar-se com acionistas, construir a sua marca pessoal, e a habilidade de vender idéias, se tornam essenciais para qualquer líder e empreendedor em inovação. Stefan fornece a racionalidade para desenvolver essas habilidades e então nos diz como aprimorar essas capacidades, de forma que você seja capaz de fazer o seu melhor no admirável mundo novo da Inovação Aberta.

Eu gostaria de chamar a sua atenção particularmente para a Parte II deste livro, na qual Stefan determina os obstáculos que os líderes e empreendedores da inovação corporativa precisam enfrentar, na medida em que vão contra os anticorpos corporativos e os executivos seniores, que nem sempre entendem a inovação ou fornecem o suporte necessário. Como Sun Tzu aconselha em *A Arte da Guerra*, é importante "conhecer o seu inimigo", e embora possa ser desconfortável pensar nisso nesses termos, a realidade é que qualquer um que esteja tentando levar uma corporação para um salto dinâmico, rumo ao futuro, irá gerar muito desconforto naqueles que vestem coletes salva-vidas, os que têm um enorme interesse em manter as coisas como estão. Stefan fornece uma riqueza de conselhos sobre como combater as forças do *status quo*, incluindo um que eu sempre amei que é permanecer fora do radar. Ficar invisível pelo máximo de tempo possível irá ajudá-lo a evitar muito da artilharia aérea que começa a voar assim que as novas ideias chegam à superfície.

Isso é apenas uma pequena parte da informação que você irá encontrar nestas páginas. Tenho certeza que você estará mais bem preparado para lutar a batalha do empreendedor inovador após ler este livro. Divirta-se!

Guy Kawasaki
Fundador da Alltop.com e autor do Livro *Reality Check*

Introdução

O MUNDO DA INOVAÇÃO PARA O QUAL EU TRABALHEI nos últimos 11 anos de minha vida está em meio a uma mudança dramática. Companhias em todo o mundo estão abrindo o seu processo de inovação para acrescentar parceiros externos de todos os tipos, incluindo fornecedores, clientes, acadêmicos, competidores e empresários com grandes idéias ou habilidades únicas. Pode ser cedo demais para chamar isso de revolução – apesar de algumas pessoas encararem assim – mas um paradigma de mudança está definitivamente em andamento neste exato instante.

Este livro fornece idéias sobre como uma companhia pode ser parte desta revolução da Inovação Aberta ou do paradigma da mudança. Isso requer uma base muito forte, voltada para a inovação em sua companhia e uma nova mentalidade e habilidades focadas em você, de forma individual, tudo conforme o que está descrito nessas páginas. Minha meta é ajudá-lo a determinar se o movimento em direção a uma Inovação Aberta é a escolha certa para a sua organização e então mostrar a você como se preparar e também ao seu pessoal para dar esse pulo em direção a este novo ambiente desafiador, contudo excitante.

Na medida em que estiver lendo este livro, você perceberá que eu uso muitos exemplos de minhas interações pessoais com líderes inovadores. Muitas são sobre a inovação de uma forma geral – e não apenas Inovação Aberta – mas eu acredito que esses *insights* são valiosos enquanto você prepara a sua companhia e a si mesmo para se abrir à Inovação Aberta. Então, quem sou eu, e por que sou tão apaixonado pelo tópico da liderança em inovação?

Minha pequena biografia diz que eu sou um palestrante, facilitador de rede e consultor estratégico que ajuda as companhias em tópicos como Inovação Aberta, encorajamento e inovação dentro das empresas, e como identificar e desenvolver as pessoas que dirigem a inovação. Eu sou o iniciador e facilitador de grupos de redes presenciais na Europa e nos EUA, para pessoas que trabalham na intersecção de liderança e informação. Eu também dirijo a comunidade no LinkedIn do Grupo 15inno, que conta com mais de 800 líderes e empreendedores de inovação corporativa, de companhias de todo o mundo, assim como muitos consultores, acadêmicos, organizações novas e outras pessoas que tenham interesse em inovação.

Eu tive o privilégio de trabalhar com líderes e empreendedores inovadores durante muitos anos. Eles são ótimas pessoas, com trabalhos difíceis. Em um mundo onde a mudança está presente em todos os lugares e está mais rápida do que jamais esteve e no qual as oportunidades parecem não ter fim, os supervisores confiam neles para fazer com que as coisas aconteçam.

O objetivo-chave dos líderes e empreendedores inovadores é identificar e desenvolver oportunidades de crescimento rentáveis. Com frequência eles também estão no comando para transformar a cultura corporativa a se tornar mais inovadora e empresarial. Os objetivos de um trabalho podem se tornar mais excitantes do que isso? Se você fizer essa pergunta para um líder inovador, obterá uma resposta apaixonada: "Isso é ótimo e eu amo meu emprego".

Líderes e empreendedores inovadores são apaixonados e enxergam os desafios como oportunidades para provar que podem sobressair dentro das áreas que escolhem. Eles superam obstáculos todos os dias e, ocasionalmente, movem montanhas. Eles são de grande valor para as companhias, se forem usados corretamente. A administração começou a perceber isso durante um longo período no qual focou e investiu pesado na inovação e no empresariado.

Eu tenho trabalhado com essas grandes pessoas, eu vi do que são capazes e quero ajudá-las a se tornarem ainda melhores para fazer diferença e identificar e desenvolver novas oportunidades de crescimento. Este é o motivo pelo qual escrevi este livro que irá abordar:

- Inovação Aberta, um modelo que as companhias estão adotando cada vez mais em resposta a um mundo crescentemente caracterizado pelas entidades de negócios globais e pela partilha aberta de informações.

- As pessoas que fazem a inovação acontecer – incluindo líderes e empreendedores inovadores – e os elementos essenciais que precisam estar nos lugares certos para que essas pessoas tenham sucesso.
- As pessoas relacionadas aos bloqueios, que podem impedir a inovação e algumas maneiras pelas quais isso pode ser superado.
- As habilidades de liderança pessoais que você precisará para se desenvolver como um líder ou um empreendedor inovador.

Em um capítulo bônus (Capítulo 17), eu descreverei como você pode usar as competições de planejamento comercial corporativo para identificar quem são os empreendedores dentro de sua organização e também para construir as habilidades necessárias para aparelhar a Inovação Aberta. Ao longo do caminho, você também entrará em contato diretamente com os líderes, através de uma série de entrevistas.

Cada capítulo termina com uma série de tarefas-chave; elas estão reunidas em um local no livro, ao final de cada capítulo, de forma que você tenha um lugar fácil para ir sempre que quiser revisar rapidamente o que aprendeu. Apesar de desafiadora, a Inovação Aberta traz consigo um mundo de possibilidades para novas idéias e para um crescimento de negócios. Espero que você curta a viagem!

Parte 1
PRINCÍPIOS BÁSICOS

NESTA PARTE DO LIVRO EU OBSERVAREI A DESCRIÇÃO dos eventos atuais para que a Inovação Aberta floresça e as pessoas que são essenciais – os elementos relacionados que precisam estar posicionados para que a Inovação Aberta ocorra (na verdade, inovação de qualquer tipo). O que é mais essencial que tudo, a importância de identificar as pessoas certas, é algo que simplesmente não se pode enfatizar o suficiente. Ainda assim, frequentemente, eu percebo que as companhias estão muito mais focadas no papel que os processos têm na Inovação Aberta do que no desempenho das pessoas. Não me entenda mal. Ter o processo certo de inovação em seu devido lugar é importante, particularmente quando você se move em direção ao complicado mundo da Inovação Aberta. Mas nada irá acontecer, a não ser que você tenha as pessoas adequadas com a mentalidade e as habilidades necessárias, no lugar e na hora certa. Esta parte do livro foi feita justamente para ajudar a você nesse processo.

Capítulo 1
POR QUE A INOVAÇÃO ABERTA É IMPORTANTE

EM MINHAS VIAGENS, EU DESCOBRI QUE A INOVAÇÃO ABERTA ainda não é plenamente entendida por muitas companhias. Algumas pessoas argumentam que o barulho em torno da Inovação Aberta que surgiu nos últimos anos é só uma moda. Eu discordo: acredito que a Inovação Aberta está só começando, e a maior razão para crer nisso é que ela está inserida em duas megatendências globais:

1. A Inovação se tornou uma operação global que funciona 24 horas por dia, em sete dias por semana. Muitas companhias têm estabelecido P&D (Pesquisa e Desenvolvimento) e laboratórios de inovação fora de seus quartéis generais corporativos, ampliando as possibilidades de como fazer a inovação, e tornando mais fácil para que as companhias dêem o passo lógico de abrirem os seus processos para parceiros externos.

2. Outra megatendência é a transparência do conhecimento. Todos nós sabemos que o que importa realmente em nossas companhias é o conhecimento. Mas onde está esse conhecimento? Para a maioria, ele está dentro de nossas cabeças, apesar do surgimento do conhecimento gerencial enquanto uma disciplina ter criado métodos, ao longo das últimas duas décadas, para que as companhias extraíssem melhor o conhecimento contido em seu pessoal e nas suas experiências. Ainda assim, distribuir conhecimento dentro das organizações permanece um desafio e se torna ainda mais difícil quando você precisa estendê-lo também para fora das fronteiras

corporativas. Mas agora nós vivemos em um mundo global onde o conhecimento está se tornando mais acessível e transparente. Isso torna mais fácil inovar de modo transversal as barreiras impostas. As ferramentas da Web 2.0 como *wikis* estão sendo adaptadas pelas companhias que também começaram a ver valor profissional em plataformas de redes sociais como o LinkedIn e o Facebook. Encontrar as pessoas que têm o conhecimento que você precisa nunca foi tão fácil, graças a essas ferramentas de rede.

Um pequeno sinal do crescente interesse na Inovação Aberta é o fato de que o número de perfis no LinkedIn com o termo *Inovação Aberta* está crescendo rapidamente. Isso pode ser um sinal de moda, mas eu checo muitos desses perfis quando convido novos membros para se juntarem à comunidade da 15inno no LinkedIn, e descobri que existe um conteúdo real por trás deles. Se você pesquisar mais fundo dentro dos perfis, descobrirá que muitas companhias começaram iniciativas interessantes de Inovação Aberta. Você também pode ver isso em conferências sobre inovação. Nesses tempos economicamente difíceis, a Inovação Aberta parece ser o único assunto capaz de atrair a atenção do público.

INÚMEROS DESAFIOS

Existe muito falatório sobre como definir a Inovação Aberta. Eu tento não me deixar envolver em definições e semântica, pois acredito ser importante para as companhias definirem este termo amplo por si só, de forma a combiná-lo com sua própria situação. Entretanto, acrescento que, para mim, a Inovação Aberta tem muito a ver com se estabelecer uma ponte entre recursos internos e externos para fazer com que a inovação aconteça.

Na verdade, um dos principais desafios propostos para a Inovação Aberta foi resumido de forma muito competente neste comentário feito por um participante em um de meus grupos dinamarqueses de trabalho com líderes inovadores: "Abraçar o exterior requer que você realmente conheça o que se tem por dentro". Não há motivos para sair das fronteiras corporativas se a companhia não sabe o que está acontecendo dentro de suas paredes. Recursos internos e externos precisam funcionar em conjunto para que a inovação aconteça.

Eu também reconheço totalmente que a Inovação Aberta deveria ser vista como um processo de duas vias no qual as companhias tenham um processo voltado para dentro, pelo qual podem trazer ideias, tecnologias ou outros recursos necessários para desenvolver os seus próprios negócios e um voltado para fora, através do qual elas exteriorizem licenças ou vendam as suas próprias ideias, tecnologias e outros recursos. Isso deve ocorrer durante todos os estágios do processo de inovação.

Apesar disso, eu acredito que as companhias já têm desafios suficientes só para fazer com que o processo interior funcione, e elas precisam focar nisso. Na medida em que elas colocam a mentalidade adequada e os processos em seus devidos lugares, aí então elas podem começar a olhar para os processos exteriores, para os quais elas licenciam ou vendem tecnologias, ideias ou propriedade intelectual que não estão sendo usadas internamente. Mas o foco é importante a fim de acertar o passo em primeiro lugar. Portanto, neste livro, a Inovação Aberta trata quase que inteiramente sobre o processo interior.

Acredito firmemente que a Inovação Aberta deveria ser um assunto vital em todas as companhias que levam a inovação a sério. Por que? Porque a ideia de combinar recursos internos e externos para ampliar o grande talento e a produtividade da inovação é uma proposta boa demais para ser dispensada. Tome como exemplo o gigantesco conglomerado Procter & Gamble (P & G). Desde 2001, a taxa de sucesso de inovação da P & G quase triplicou, enquanto o custo da inovação caiu. Joachim Von Heimburg, que tinha 30 anos de experiência com a P & G, disse aos meus grupos dinamarqueses que ele acredita que muitas companhias podem obter ganhos similares se elas fizerem da Inovação Aberta uma parte de sua estratégia de inovação geral.

Mas aqui está o problema. Quase todas as companhias têm uma estratégia de marketing ou de vendas, mas apenas algumas poucas têm uma de inovação. E quando as companhias têm uma estratégia de inovação, também é importante que elas não apenas joguem a Inovação Aberta para o topo da lista. De acordo com Von Heimburg, as empresas só podem aumentar a sua produtividade de inovação se a Inovação Aberta se tornar parte integrada de tal estratégia.

Eu acredito que, neste momento, somente por volta de 10% de todas as companhias são adeptas o suficiente à Inovação Aberta para obterem benefícios significativos. Vamos chamá-las de campeãs. Outras 30% já viram a luz e estão lutando para fazer a Inovação Aberta funcionar e dar resultados que compensem os esforços. Eu as chamo de candidatas ao trono. As outras 60% são embusteiras – empresas que não sabem de fato o que é a Inovação Aberta e porque ou como ela poderia ser relevante para elas. Algumas podem, eventualmente, descobrir como seguir as líderes, mas hoje, elas estão passando por uma moção. Obviamente, a P & G é uma campeã incontestável, como eu explico no complemento que há no final deste capítulo. A sua administração não vê mais a Inovação Aberta como algo novo, único e diferente. Após nove anos, trata-se apenas da forma como a companhia inova. Poucas chegaram a este nível de confiança.

A Intuit e a General Mills parecem ser campeãs na sua composição. O motivo pelo qual eu gosto da Intuit é a iniciativa "Dia do Empresário", que ela organizou pela primeira vez no final de 2009 para 40 novas companhias selecionadas. Apesar de eu não saber quais foram os resultados específicos dessa iniciativa, eu acho que ela é uma grande demonstração de como deixar as metas claras, estabelecer um processo de filtragem e mostrar um forte comprometimento na direção de criar novas parcerias. Todos são aspectos importantes para a Inovação Aberta.

Em um primeiro momento, o portal para a Rede de Inovação Global da General Mills (G-WIN), no qual ela busca novas tecnologias aplicáveis para as suas linhas de negócios, parece exatamente igual a muitos outros portais de Inovação Aberta que estão surgindo agora. Mas com base em uma entrevista feita com Jeff Bellairs, que dirige o portal, eu compilei alguns pensamentos aprimorados por trás dos bastidores.

O que eu mais gosto, em particular, é que a General Mills está fazendo um link entre os recursos exteriores e interiores da forma mais suave possível. Uma das suas metas para isso é uma "equipe interna veloz", um grupo de funcionabilidade cruzada que se encontra bisemanalmente para discutir projetos, partilhar *insights* e se certificar que os seus parceiros externos estejam falando com as pessoas certas. Somando-se a isso, a General Mills lançou recentemente um programa de inovação empresarial. Esses indivíduos têm um número grande de responsabilidades, incluindo garantir que as ideias de fora abram caminho até os canais de processamento de dados de inovação da companhia.

Os esforços da General Mills são altamente relevantes, já que eles podem ajudá-lo a alcançar um dos objetivos-chave que é tornar-se o parceiro de escolha favorito. Tal posição traz uma visão em primeira mão das novas tecnologias e ideias, e essa vantagem é bastante importante em longo prazo. Isso requer processos eficientes para conectar os recursos internos e os externos. A General Mills entende isso (veja a entrevista completa com Jeff Bellaris no final do Capítulo 3).

A Campbell Soup mergulhou na Inovação Aberta através do portal Ideias para Inovação, em 2009. Infelizmente, isso se trata mais de um golpe publicitário do que de uma tentativa séria de envolver os clientes e parceiros comerciais, então eu estou colocando a Campbell na categoria das embusteiras. Que fique claro que apesar de eu ter selecionado a Campbell para usar como exemplo, a verdade é que muitas outras companhias estão tão sem direcionamento quanto ela. Aqui vão os meus problemas específicos com a Campbell:

- As suas inovações são vagas e sem foco. Ela declara que quer "ideias para novos produtos, pacotes, marketing e tecnologias de produção que irão ajudar a suprir melhor, mais rápido e mais completamente as necessidades do consumidor". Nossa, mas isso poderia ser quase qualquer coisa, certo?
- A companhia deveria estar nos estimulando e não afastando. Ela diz que irá levar de três a seis meses para responder a uma sugestão, e se ela recusar a sua ideia, você não receberá explicação alguma. Por que não tentar tornar a coisa mais convidativa?
- A coisa toda parece mais com uma egoviagem. O website da Campbell fala somente sobre os motives pelos quais a Inovação Aberta é boa para a Campbell. Se a companhia quer ajuda, ela deveria ao menos mencionar como a colaboração poderá ajudar os seus supostos parceiros.

Apesar de a Campbell estar satisfeita em receber quase 5.000 inscrições, ela reconhece que seus esforços neste espaço não são perfeitos e que está trabalhando em esforços futuros no site para sair da categoria de embusteira e candidata ao trono, para o nível de campeã; aqui estão assuntos que a Campbell e todas as outras empresas precisam lidar logo no início do processo.

Em primeiro lugar, é preciso que você se faça a pergunta *por que*. Muitas pessoas pulam para dentro da Inovação Aberta sem se perguntarem por que ela é relevante para sua situação em particular. A Inovação Aberta somente funciona se ela estiver alinhada com a estratégia corporativa geral. Muitas companhias enfiam os pés pelas mãos aqui. Elas simplesmente não têm uma estratégia de inovação.

O passo seguinte é definir o que é a Inovação Aberta. A Inovação, e mais ainda a Inovação Aberta, pode ser definida de muitas maneiras diferentes. As companhias precisam saber o que estão buscando, como a Procter & Gamble e a General Mills sabem.

Mas antes de falar sobre a implantação, você precisa se lembrar da questão do seu pessoal. Uma mudança de paradigma requer que os empregados modifiquem a sua mentalidade e obtenham novas habilidades. As chaves para a Inovação Aberta são as habilidades para ver a inovação em termos mais holísticos e ter melhores redes de relacionamentos.

A inovação não é de maneira alguma fácil. Mas como eu disse no começo, a relação proposta é boa demais para ser dispensada. Admita, é difícil encontrar evidências sólidas de que os benefícios da Inovação Aberta não compensam seus custos. Pouca pesquisa foi feita até o momento. Um relatório recente da escola de administração belga, Vlerick Leuven Gent, no qual os pesquisadores Dr. Dries Faems e Dr. Matthias de Visser (Universidade Twente) e o Prof. Bart Van Looy e a Dra. Petra Andries (Universidade Católica Leuven) estudaram *joint ventures** e Inovação Aberta, chegou-se à conclusão que, em curto prazo, os custos financeiros de projetos de inovação para *joint ventures* são maiores do que seus benefícios.

Na pesquisa, eles estudaram as atividades colaborativas e o desempenho financeiro de 305 companhias industriais belgas. Eles descobriram que colaborar com diversos parceiros realmente produz uma força maior de inovação, mas também aumenta a proporção dos gastos com funcionários na relação proposta, o que por sua vez tem um efeito negativo no desempenho financeiro. Em curto prazo, parece que este efeito de aumento do custo é ainda maior do que o efeito indireto de criação de valor da *joint venture*.

Essas descobertas significam o fim da Inovação Aberta? Os pesquisadores acham que não. O valor inovador e o financeiro excedente das iniciativas de *joint venture* se tornam evidentes em longo prazo. Ao avaliar modelos de Inovação Aberta, pessoas de ambos os setores, público

---

* Também conhecido como empreendimento conjunto, trata-se de uma associação de empresas, com fins lucrativos ou não, cujo objetivo é explorar determinado negócio, sem, contudo, que nenhum dos envolvidos perca suas personalidades jurídicas. (N.T.)

e privado, geralmente querem ver resultados rápidos. De fato, em curto prazo os custos são particularmente visíveis, enquanto os benefícios levam mais tempo para se manifestar. Um pouco de paciência e se manter firme é, aparentemente, essencial.

P & G: COMO É FEITA A INOVAÇÃO ABERTA

A maior empresa de bens para o consumidor do mundo, a Procter & Gamble, desenvolveu uma das mais admiradas e bem sucedidas operações de pesquisa e desenvolvimento da história corporativa. Entretanto, o seu modelo fechado de inovação sofreu com uma síndrome do "não foi inventado aqui" e não estava à altura da tarefa de dirigir o crescimento da corporação, necessário para sustentar uma empresa do tamanho da P & G. Então, em 2000, sob a liderança do recentemente nomeado CEO A. G. Lafley, a P & G começou a procurar por um modelo melhor de inovação global. Lefley logo expressou a ideia radical de que metade da produtividade de inovação da companhia deveria incluir contribuições fundamentais externas.

O que colocou a P & G à frente de um modelo de Inovação Aberta foi a descoberta de que havia 200 pesquisadores e cientistas fora da companhia que eram tão bons ou até melhores, para cada um dos mais de 7.500 pesquisadores e cientistas da própria empresa. Isso equivalia, talvez, a mais de 1.5 milhão de pessoas cujos talentos a companhia poderia potencialmente peneirar. O que uma empresa arrogante poderia fazer com tamanha experiência de aprendizado? Você está certo. Ela diria que isso simplesmente não teria a menor importância. Ela argumentaria que uma vez que esses profissionais não estavam em sua folha de pagamento, não haveria motivos para se preocupar com eles. A P & G optou em não ser arrogante e, ao invés disso, explorou formas para trabalhar com esse um milhão e meio de grandes mentes. Oito anos depois, a empresa já tinha 9.000 cientistas trabalhando dentro da companhia e estimava que seu acesso externo chegasse a dois milhões. Muitos desses cientistas e engenheiros trabalham para firmas de pequeno e médio porte que são cada vez mais os locais onde ocorrem importantes inovações.

A P & G adotou um modelo de inovação chamado Conecte + Desenvolva. É uma via de ida e volta, na qual se acessa propriedade intelectual desenvolvida externamente em seus próprios mercados, ao mesmo tempo em que permite que o seu *know-how* e os bens desenvolvidos internamente sejam utilizados por outros. Ela colabora com indivíduos e companhias, laboratórios, institutos de pesquisa, instituições financeiras, fornecedores, academia e redes de Pesquisa & Desenvolvimento (P&D). Uma equipe com mais de 50 pessoas procura por oportunidades de Inovação Aberta nos ramos da engenharia, tecnologia, marca registrada e embalagens, entre outros.

Hoje, um website dedicado ao Conecte + Desenvolva (www.pgconnecteddevelop. com) é a pedra angular para se fazer a ponte entre recursos externos e internos. Uma visita ao website evidencia que a Inovação Aberta para a P & G é muito mais do que uma mera transferência de tecnologia. Ela inclui tudo, de marcas registradas a embalagens, modelos de marketing a engenharia e serviços de *design*. O site não existe apenas para pedir ideias; a equipe está buscando ativamente aqueles que já patentearam as suas ideias e precisam da ajuda da P & G para trazê-las ao mercado. Esta abordagem já resultou em mais de 1000 acordos ativos entre a P & G e parceiros externos.

Eu gosto do exemplo das batatinhas Pringles com textos ou imagens. Tudo começou como uma grande ideia dentro da P & G, mas a tecnologia para fazer acontecer foi encontrada em uma pequena padaria em Bolonha, Itália, gerenciada por um professor que havia inventado a tecnologia que usa técnicas de jatos de tinta para imprimir imagens em bolos. A P & G colocou suas mãos na tecnologia, o que tornou possível o lançamento das novas batatinhas impressas da Pringles em menos de um ano – e com uma fração do custo de fazê-las em casa.

Como foi relatado em um artigo de 2006 da *Harvard Business Review*, da autoria de dois executivos da P & G, a taxa de sucesso de inovação da companhia subiu mais que o dobro, enquanto o custo da inovação caiu.[1] A companhia está próxima de atingir a meta de Lafley, de ter metade de sua inovação vinda de canais externos.

O que é interessante, é que os funcionários não receberam nenhum incentivo adicional para mudar a sua mentalidade do "não foi inventado aqui". Em vez disso, a persistência por parte da gerência em geral e de Lafley em particular fizeram acontecer. Lafley usava todas as ocasiões para pedir atualizações sobre os progressos feitos em direção a sua meta. Este CEO não desistiu e pouco a pouco, a nova mentalidade se enraizou na companhia. Muitos desses funcionários são gratos por que a P & G abraçou uma cultura de "orgulhosamente encontrado em outros lugares" que lhes deu muitas outras oportunidades para fazer a inovação acontecer.

A propósito, se você quiser ter uma ideia de quanto uma companhia é orientada na direção da Inovação Aberta, você deve dar uma olhada em seu website corporativo. Tente fazer isso com a Procter & Gamble no endereço www.pg.com. Role a página para baixo e logo irá encontrar um link para o website Conecte + Desenvolva. Sim, sei que isso parece óbvio, mas apesar disso, muito poucas companhias fizeram este pequeno esforço para facilitar que os parceiros externos as abordassem. Isso é apenas um sinal de que a Inovação Aberta não é uma ferramenta nova para fazer propaganda da Procter & Gamble. Trata-se apenas da forma pela qual eles inovam.

TAREFAS-CHAVE DO CAPÍTULO

- A economia global 24 horas por dia, em sete dias por semana e a crescente transparência do conhecimento estão conduzindo o movimento em direção à Inovação Aberta.
- Recursos internos e externos precisam trabalhar em conjunto para fazer com que a inovação aconteça.
- A Inovação Aberta precisa ser um assunto vital em todas as companhias porque a ideia de combinar recursos externos e internos, para aumentar o talento e a produtividade da inovação, é uma proposição boa demais para ser ignorada.
- Existem companhias campeãs, candidatas ao trono e embusteiras no mundo da Inovação Aberta, com mais de 60% das companhias caindo na terceira categoria.
  - › Para sair da categoria de embusteira e se tornar candidata ao trono você precisa se perguntar por que a sua companhia deveria se envolver com Inovação Aberta.
  - › Para que a Inovação Aberta funcione, ela precisa estar alinhada com a estratégia corporativa geral de sua companhia.
  - › Defina o que é Inovação Aberta.
  - › Lembre-se do seu pessoal. Uma mudança de paradigma requer que os empregados modifiquem a sua mentalidade e obtenham novas habilidades.

NOTA

1. HUSTON, Larry; SAKKAB, Nabil. Connect and Develop: Inside Procter & Gamble's New Model for Innovation. *Harvard Business Review,* mar. 2006. 84 no. 3.

Capítulo **2**
COM O QUE A INOVAÇÃO ABERTA SE PARECE

A FORMA QUE A INOVAÇÃO ABERTA ASSUME pode variar dramaticamente de companhia para companhia. Na verdade, não existe uma definição aceita do assunto; pergunte a dez pessoas o que ela é, e você irá obter dez respostas diferentes.

Como mencionado anteriormente, nós não devemos entrar demais na semântica e na definição da coisa, já que as companhias precisam definir este conceito de acordo com a própria situação em que se encontram. Entretanto, pode ajudar verificar o que constitui a inovação *fechada* como uma maneira de fazer com que a tarefa de definir o seu oposto – Inovação Aberta – seja mais fácil. Todos parecem concordar que a inovação fechada envolve manter as descobertas em segredo, ao mesmo tempo em que se mantém um controle completo sobre todos os aspectos do processo de inovação. Na inovação fechada, você não tenta assimilar o *input* de fontes externas para o seu processo de inovação, e também evita ter que partilhar propriedade intelectual ou lucros com qualquer fonte externa.

Além disso, em um ambiente de inovação fechada, as atividades são com frequência segregadas dentro do departamento de P & D, onde se espera somente o que há de mais espetacular para garantir que a companhia chegue ao mercado primeiro, com suas novas ideias, para conseguir a vantagem de quem faz o primeiro movimento.

Em um contraste direto, a Inovação Aberta tem a ver com fazer uma ponta entre os recursos internos e externos, através de todo o processo de inovação. Os primeiros passos da Inovação Aberta em muitas companhias, em geral, focam em solicitar ideias de fora, mas na verdade, a real Inovação Aberta vai mais além do que simplesmente envolver os outros em etapas para a concepção de ideias. A contribuição externa para a sua companhia tem que ser significativa. Ela também é mais do que uma parceria na qual você paga por serviços específicos. Todas as pessoas envolvidas no processo de Inovação Aberta focam em problemas, necessidades e tópicos, e os trabalham *juntos*. Além disso, você pode argumentar que a inovação fechada foca principalmente nos produtos e serviços principais, enquanto que é mais provável que você use a Inovação Aberta para trabalhar com o ranque mais amplo dos Dez Tipos de Inovação (veja o Apêndice), incluindo modelos para os negócios, canais e processos.

Existem variações no processo de Inovação Aberta, e eu acredito que a verdadeira diferenciação entre elas está no nível de envolvimento dos parceiros externos, fornecedores e clientes. Muitas companhias confiam em seus usuários para obter *feedback* e *input* sobre como desenvolver ainda mais os seus produtos e serviços, ou até mesmo sobre como pensar em novas ofertas. Normalmente, isso se chama inovação direcionada pelo usuário. As companhias deveriam encarar isso como uma maneira de entendimento e reação para as necessidades de seus clientes e usuários. Entretanto, você não pode confiar plenamente na inovação direcionada pelo usuário porque essa abordagem, com frequência, acaba sendo apenas uma ferramenta de *feedback*, usada principalmente nas fases iniciais de geração de ideias e posteriormente, quando você estabelece um *loop* de *feedback*. Ainda que se busquem as ideias do lado de fora, a inovação se transforma em um negócio, quase que inteiramente, através das capacidades da Inovação Interna. Não há envolvimento externo nas fases finais.

A inovação direcionada pelo usuário está altamente relacionada à Inovação Aberta, mas precisa ir ainda muito além para se transformar como tal. Isso só acontece quando você não apenas recebe novas ideias de fontes externas, mas também permite que essas fontes se tornem importantes planejadores no processo de se transformar as ideias em negócios. A Dinamarca tem a sua quota de companhias líderes mundiais em inovação, direcionada pelo usuário. A Lego, fabricante de brinquedos, é um grande exemplo disso através dos seus grupos para Adultos Fãs da Lego e muitas outras iniciativas. As similaridades e diferenças da inovação direcionada pelo usuário e da Inovação Aberta são muito bem ilustradas em alguns dos projetos da empresa:

- **Inovação direcionada pelo usuário – LEGO *Mindstorms*:** Esta linha de conjuntos da Lego combina tijolos programáveis com motores elétricos, sensores, tijolos Lego e peças técnicas Lego (como motores, eixos e hastes). Ela tem sido um grande sucesso e logo no começo, os adultos fãs da Lego (AFL) foram convidados para ajudar a desenvolver novos *designs* e usos para os *Mindstorms*. Apesar disso, a Lego ainda controla a cadeia de valores em quase 100%. Isso está mudando na medida em que alguns AFLs abriram as suas próprias companhias e começaram a trabalhar com a Lego de uma maneira mais formal. Eu acho que esse é um bom exemplo de inovação direcionada pelo usuário que tem o potencial de se tornar Inovação Aberta.
- **Inovação Aberta – LEGO Arquiteturas:** Em julho de 2008, a Lego anunciou uma parceria com a *Brickstructures Inc.*, uma empresa privada criada para promover o uso dos tijolos LEGO em relação à arquitetura. A ideia é oferecer uma linha de famosos pontos de referência em todo o mundo, celebrando arquiteturas e movimentos influentes, que moldaram cidades e culturas. Com modelos desenvolvidos em colaboração com arquitetos, a LEGO Arquiteturas trabalhará para inspirar futuros arquitetos, engenheiros e *designers* em todo o mundo, tendo o tijolo LEGO como mediador. A *Brickstructures* é quem traz o conhecimento da arquitetura. Esta é a chave para o *input* da *joint venture*. Eu acho que esse exemplo se aproxima mais da Inovação Aberta do que o *Mindstorm*.

Outra empresa dinamarquesa que utiliza com eficiência a inovação direcionada pelo usuário é a Coloplast, que desenvolve produtos e serviços que tornam mais fácil a vida de pessoas que padecem de condições médicas sociais e particulares. Seus negócios incluem cuidados com ostomia, urologia e incontinência, e cuidados com a pele e ferimentos. Muitos a consideram como a pioneira global da inovação direcionada pelo usuário, devido ao trabalho que ela faz com médicos, enfermeiras e usuários de seus produtos.

A Coloplast criou comunidades para os seus usuários partilharem experiências e ideias. Você pode dar uma olhada em uma delas no endereço www.stoma-innovation.com. A companhia cita que dobrou o seu tempo de desenvolvimento nos últimos anos, muito por causa do *input* externo, e também menciona que agora está usando muito mais parceiros de fora do que fazia antes.

Apesar de soar bem, eu acho que a Coloplast é um bom exemplo de uma empresa que ainda está presa na mentalidade do *direcionado pelo cliente*. A ideia principal dessa inovação é obter o *input* dos usuários – e talvez até do ecossistema – sobre os seus produtos e serviços. A Inovação Aberta está relacionada com a integração dos parceiros externos no processo inteiro de inovação. Isso deveria acontecer, não apenas na ideia ou na fase do desenvolvimento da tecnologia, mas também em todas as outras fases que vão até a aceitação do mercado. A inovação direcionada pelo usuário é ótima porque ela direciona seus esforços para as necessidades do mercado. A Inovação Aberta o leva para o passo seguinte ao fornecer mais oportunidades através de parceiros externos a quem você endereça todas essas necessidades do mercado.

Quais bandeiras vermelhas eu percebi na Coloplast? Primeiro, dê uma olhada no *website* corporativo deles. Eu não consigo encontrar nenhuma referência sobre como abordar a Coloplast com ideias ou outras contribuições. Compare isso com a Procter & Gamble onde, conforme eu mencionei antes, você irá encontrar um link bem visível para a iniciativa Conecte + Desenvolva.

Outra bandeira vermelha é a comunidade oficial em si. Ela realmente passa a sensação de que tudo tem a ver com a maneira pela qual a Conoplast pode juntar os usuários em vez de ser uma forma pela qual ambos possam trabalhar juntos e construir relacionamentos com parceiros externos. É disso que se trata a inovação direcionada pelo usuário. Contudo, ela não deve ser confundida com Inovação Aberta.

Além disso, se você procurar por inovação no *website* corporativo da Conoplast, nada irá aparecer além de um link para a sua comunidade oficial internacional. Na verdade, isso é um pouquinho assustador para uma companhia que vê a si própria como sendo bastante inovadora. Faz com que eu – e muitos outros – pense o quanto ela realmente leva a inovação a sério...

Se eu fosse um dos "ouvidos" da Coloplast, eu os preveniria, e a outras companhias também, para não confundirem os dois tipos de inovação. Esta confusão pode ser mal interpretada e prejudicar as possibilidades da companhia ser escolhida como parceira preferencial, que é o objetivo principal do jogo da inovação.

Em um blog, fiz um *post* chamado "Por que a inovação direcionada pelo usuário não deve ser confundida com Inovação Aberta", que gerou muito *feedback* e ilustrou o quanto pode ser confuso diferenciar a ambas. Ellen Di Resta, da firma de consultoria de inovação Synaptics Group, sugeriu que nós deveríamos "ver a inovação direcionada pelo usuário e a Inovação Aberta como abordagens. Pensando dessa maneira, então é a aplicação de uma abordagem que precisa ser trabalhada para cada contexto específico". Ela também mencionou que os termos podem ser ambíguos e perguntou se isso não poderia ser o ponto-chave, já que eles nos mantêm acuados em um canto, quando nossas ferramentas deveriam ser flexíveis o suficiente para lidarem com um leque amplo de desafios.

Jeff Murphy, um indivíduo corporativo da Johnson & Johnson, deu o seguinte depoimento: "Eu prefiro ver a Inovação Aberta como um termo amplo o suficiente que também inclui o que você se refere como inovação direcionada pelo usuário". Ele também mencionou que "...ao invés de ficar enrolado em semântica, eu vejo como sendo mais produtivo para uma organização selecionar e usar os tipos certos de Inovação Aberta – aqueles que se alinham melhor com as necessidades específicas, objetivos e complexidade tecnológica e comercial da sua organização".

Como mencionado anteriormente, a inovação direcionada pelo usuário e a Inovação Aberta significam coisas diferentes para muitas pessoas. Os dois tipos de inovação se relacionam, mas não são iguais, e nós, com frequência, percebemo-nos em situações em que ambas já têm tantos significados e definições diferentes, que acaba se tornando inútil que acadêmicos e consultores cheguem a *uma* definição para os termos. Isso nos leva de volta à importância de que as companhias desenvolvam a sua própria definição do assunto.

Por fim, eu acho que a inovação direcionada pelo usuário e a Inovação Aberta podem ser uma poderosa combinação, e acredito que ainda veremos a evolução de grandes exemplos envolvendo ambas.

BENEFÍCIOS, DESAFIOS E OBSTÁCULOS

Os primeiros estágios da Inovação Aberta já começaram a ocorrer em muitas companhias. Na verdade, quase toda companhia pode apontar atividades que sirvam de exemplo para a inovação e que difiram dos modelos fechados, de forma que poderiam ser definidas como Inovação

Aberta. Mas o nível se estende de um percentual sem valor dos esforços de inovação geral de companhias bem reservadas até um fantástico nível de quase 50% que a P & G alcançou. Independente de onde sua companhia esteja agora, a coisa mais importante a ser entendida é que a Inovação Aberta é o futuro, então é importante começar a incluí-la de alguma forma em sua estratégia geral. Os meios geralmente mais bem aceitos de Inovação Aberta são em relação a:

- Acelerar o desenvolvimento de novos produtos e serviços e, portanto, aumentar a renda e a quota de mercado.
- Abreviar o tempo para comercializar novos produtos e serviços e acelerar os lucros.
- Reduzir gatos diretos em Pesquisa e Desenvolvimento.
- Melhorar a taxa de sucesso dos novos produtos e serviços.[1]

É claro, a Inovação Aberta oferece desafios também, especialmente para aspirantes a (e atuais) gerentes e líderes que estão habituados a trabalhar em um ambiente de inovação fechada. Essas três questões fundamentais precisam ser respondidas antes de se embarcar em uma jornada na direção da Inovação Aberta:

1. **O que a Inovação Aberta fará ao seu modelo de negócio?**
   No mundo da Inovação Aberta, você pode acabar trabalhando com qualquer um – até mesmo concorrentes. Que impacto isso terá em seu modelo de negócios e em relação a alterar sua visão competitiva?

2. **Como o gráfico de sua organização irá mudar para acomodar a Inovação Aberta?**
   Que tipo de colaboradores você quer envolver? Quais visões e missões você tem em comum com seus parceiros? Sistemas, processos, valores e culturas por toda a companhia precisarão ser transformados. Pessoas que passaram suas carreiras focando internamente agora também precisarão se voltar para o externo.

3. **O que isso significa para o meu papel enquanto gerente ou líder?**
   Muitas organizações não dominaram nem a habilidade de inovar internamente em diferentes áreas comerciais, quanto mais se tive-

rem que incluir parceiros de fora. Como resultado, muitos gerentes e líderes não entendem a Inovação Aberta em um nível básico. Eles precisam entender o impacto desse movimento – e aprender a adotar um estilo de liderança que aperfeiçoe confiança, motivação e desempenho.

Eu irei tratar mais sobre os obstáculos para a Inovação Aberta – e inovação em geral – na Parte 2.

MERCADOS DE INOVAÇÃO: UM RECURSO MAJORITÁRIO PARA A INOVAÇÃO ABERTA

Ao passo em que a Inovação Aberta se torna mais abrangente, aumenta a necessidade dos mercados de inovação para que possam servir como intermediários, fazendo com que as companhias possam se conectar rapidamente. Alguns desses intermediários servem mercados com nichos específicos, enquanto outros serão mais genéricos. Alguns serão estabelecidos por companhias para irem ao encontro de suas necessidades específicas e outros o serão por terceiros que desejam se posicionar como uma interface entre as companhias que buscam soluções e pessoas inteligentes (ou empresas) que as tenham.

InnoCentive é um mercado de inovação de terceiros que opera com um prêmio baseado no modelo de inovação. Ele conecta companhias, instituições acadêmicas, o setor público e o terceiro setor com uma rede global de mais de 160.000 especialistas e solucionadores de problemas em 175 países, por todo o mundo. O InnoCentive foi desenvolvido originalmente pela gigante farmacêutica Eli Lilly como um centro interno incubador de inovação. Sendo uma organização independente desde 2005, o InnoCentive teve inicialmente sucesso dentro do mercado farmacêutico, mas está agora ativo em muitas outras indústrias, incluindo embalagens de bens para o consumidor, e onde empresas como a P & G obtiveram sucesso ao utilizarem seus serviços.

- O processo do InnoCentive funciona assim: Uma organização (uma buscadora) lança um desafio para solucionadores em todo o mundo que podem ganhar prêmios em dinheiro caso solucionem o problema. Mais de um terço dos solucionadores tem doutorado. Já foram apresentados problemas nas áreas de engenharia, ciência da computação, matemática, química, biologia, física e comércio. O InnoCentive recebe uma taxa por postagem e outra por encontrar o solucionador, caso o problema seja resolvido. É claro que a organização tem concorrência. Aqui estão outros mercados de Inovação Aberta:

- A NineSigma fornece uma extensa rede global de cientistas, pesquisadores de departamentos universitários e incubadores de tecnologia para cruzar e polinizar ideias e oferecer soluções. Fundada em 2000, a companhia se tornou líder como fonte de especialistas, oferecendo para clientes como GlaxoSmithKline, Phillips, Kraft, Unilever e Xerox acesso a sua rede, assim como a um extenso banco de dados de soluções existentes que extrapolam todas as disciplinas técnicas e industriais.

- Fundada em 1999, a yet2.com junta compradores e vendedores de tecnologias para que todas as partes maximizem o retorno de seus investimentos. A yet2.com foca nos estágios finais da tecnologia, em vez das ideias.

- A TopCoder relaciona a si própria como a maior comunidade competitiva de desenvolvimento de software do mundo, com mais de 175.000 criadores, representando mais de 200 países. A comunidade cria softwares para uma ampla base de clientes através de uma metodologia rigorosa e baseada em padrões competitivos.

- A YourEncore conecta as companhias com cientistas e engenheiros aposentados, que fornecem o seu conhecimento dentro do mundo científico, ciências de consumo, alimentícias, materiais especiais e para as indústrias de defesa e aeroespaciais. A YourEncore foi fundada em 2003, tendo como clientes iniciais a P & G e a Eli Lilly e a permissão de buscar dentro de um nicho que estava sendo subutilizado: o número crescente de cientistas veteranos e aposentados.

OS ELEMENTOS ESSENCIAIS DA CONFIANÇA

Isto é fundamental para a Inovação Aberta. A confiança vem em níveis diferentes – tanto interna, quanto externamente. Ao ir em direção à Inovação Aberta, você precisará observar duas questões:

1. O que é preciso para que você confie nos outros.

2. Como você pode convencer os seus colaboradores externos a confiar em você e na sua companhia e então começar a construir relacionamentos sólidos?

A necessidade de construir confiança como base para uma Inovação Aberta bem-sucedida significa que é mais relevante olhar para o lado inovador das pessoas do que se concentrar em processos, o que também traz mais poder para as pessoas que realmente dirigem a inovação dentro da empresa.

Por quê? A confiança é estabelecida primeiro e principalmente entre pessoas e, então, talvez entre organizações. Confiança é algo pessoal e os líderes inovadores que entendem isso, estão em uma posição muito melhor no que diz respeito a fazer as coisas acontecerem e criar uma carreira interessante e desafiadora.

Quais são as barreiras que ficam entre estabelecer confiança com colaboradores em seu ecossistema?

- A maioria das estruturas organizacionais encoraja uma perspectiva interna, ao invés de uma externa.

- A maioria das companhias vê parceiros externos como pessoas pagas para desempenhar um serviço em específico, ao invés de uma fonte de cocriação e Inovação Aberta.

- A maioria das empresas foca em proteger o seu próprio conhecimento e sua propriedade intelectual, quando deveria se abrir e explorar novas propriedades. Elas jogam na defesa, ao invés de jogar no ataque. Isso não é nenhuma surpresa, já que um dos maiores objetivos de advogados corporativos é minimizar o risco e nada mais justo que dizer que se abrir para o mundo exterior aumenta esse elemento.

- Compor relacionamentos fortes leva tempo e comprometimento pessoal. Nós estamos ocupados demais para fazer com que isso aconteça e não ajuda o fato de muitas companhias não fornecerem o tempo, recursos e encorajamento necessários para que isso ocorra.

O que você poderia fazer para estimular a mentalidade de uma organização que dá apoio à construção de confiança?

A situação mais difícil encarada por muitos líderes inovadores que trabalham com Inovação Aberta é que eles estão sozinhos. Esta é uma maneira nova de se fazer as coisas e ela irá gerar muitos anticorpos corporativos que apenas querem manter as coisas da forma como elas estão.

Esta é uma reação bastante comum; muitas pessoas se sentem ameaçadas por algo que é novo e que não parece combinar com o que significou sucesso para a organização no passado. Então você não irá obter muito apoio para essa forma de pensar dentro da empresa. As pessoas podem ver que isso talvez seja algo interessante, mas uma vez que elas começam a entender que você precisa fazer alterações significativas na forma como a companhia lida com colaboradores externos, elas começam a levantar obstáculos em vez de enxergar as possibilidades.

Você precisa recrutar um número suficiente de pessoas com uma mentalidade apropriada para criar os alicerces da confiança, o que por sua vez faz com que todos aceitem que os relacionamentos serão a chave para o sucesso comercial no futuro.

Infelizmente, minha experiência é que são poucas as companhias que prepararam esses alicerces, e isso não irá acontecer de fato, a menos que você seja bem-sucedido em recrutar as pessoas certas, com a mentalidade correta. Você pode quase esquecer de processos e conceitos, porque quando se trata de Inovação Aberta, é a mentalidade que mais importa. Se você tiver a mentalidade certa, a implantação de projetos será bem mais fácil de lidar.

TAREFAS-CHAVE DO CAPÍTULO

- A forma que a Inovação Aberta assume varia dramaticamente de companhia para companhia.
- A Inovação Aberta tem a ver com fazer pontes entre recursos externos e internos, através de todo o processo de inovação, o que faz com que ele aconteça.
- A verdadeira diferença entre as várias formas de Inovação Aberta é o nível de envolvimento dos parceiros externos, clientes ou fornecedores.
- A Inovação Aberta tem relação com integrar parceiros externos durante todo o processo de inovação.
- A inovação dirigida pelo usuário está altamente relacionada à Inovação Aberta, mas ela tem que ir além, no sentido de trazer parceiros externos para que o processo completo de inovação se transforme em Inovação Aberta.
- A inovação dirigida e a Inovação Aberta podem ser uma combinação poderosa.
- Os benefícios principais da Inovação Aberta são:

  › Acelerar o desenvolvimento de novos produtos e serviços e, portanto, aumentar a renda e a quota comercial.
  › Abreviar o tempo para comercializar novos produtos e serviços e acelerar os lucros.
  › Reduzir gastos diretos em Pesquisa e Desenvolvimento.
  › Melhorar a taxa de sucesso dos novos produtos e serviços[2].

- Três questões fundamentais precisam ser respondidas antes de se embarcar em uma jornada na direção da Inovação Aberta:

  1. O que a Inovação Aberta fará ao seu modelo de negócio?
  2. Como o gráfico de sua organização irá mudar para acomodar a Inovação Aberta?
  3. O que isso significa para o meu papel enquanto gerente ou líder?

- Confiança é fundamental para a Inovação Aberta.
- A necessidade de construir confiança como base para uma Inovação Aberta bem-sucedida significa que é mais relevante olhar para o lado inovador das pessoas do que se concentrar em processos, o que também traz mais poder para as pessoas que realmente dirigem a inovação dentro da empresa.

NOTAS

1. EBERT, Joachim; CHANDRA, Sumit; LIEDTKE, Andreas. *Innovation Management: Strategies for Success and Leadership.* Chicago: A.T Kearney, 2008, p. 1.

2. Ibid.

Capítulo **3**
COMO ABORDAR A INOVAÇÃO ABERTA

MUITAS PESSOAS ACREDITAM QUE A INOVAÇÃO ABERTA é o "Cálice Sagrado", então elas simplesmente entram na jornada sem fazer aquelas importantes perguntas que mencionei no Capítulo 1: Por que a Inovação Aberta é relevante para sua companhia, sua atual situação, sua missão e visão? Se você não responder a estas questões a fundo, você precisará pôr os pés no chão e se lembrar de que a Inovação Aberta é apenas uma ferramenta, não uma meta. A meta é fazer com que sua empresa cresça e gere lucro.

Você também precisa ter em mente que a Inovação Aberta é apenas uma peça na estratégia geral de inovação e que talvez ela nem funcione para todas as companhias. Então você precisa começar fazendo a seguinte pergunta: Por que nós queremos a Inovação Aberta?

Uma resposta para a pergunta "por que" deve exibir um entendimento de como a Inovação Aberta pode ser uma parte importante da estratégia geral de inovação, que por sua vez precisa estar altamente alinhada com a estratégia corporativa geral. Mas muitas companhias sequer têm uma estratégia geral de inovação, então muito menos uma estratégia específica para que a Inovação Aberta se conecte a ela.

O benefício de ter uma estratégia de inovação é que ela estabelece a direção dos seus esforços. Isso também permite que você defina melhor a Inovação Aberta nos termos de sua companhia. A inovação e – ainda mais – a Inovação Aberta podem ser definidas de muitas formas diferentes. As companhias precisam encontrar as suas próprias definições, assim como a P & G, a General Mills e outras companhias fizeram (veja no final deste capítulo a entrevista com a General Mills).

Uma vez que o *porquê* e a *definição* estejam em seus devidos lugares, ficará mais fácil trabalhar uma estratégia e implantá-la. Você também precisará focar na questão do pessoal. Uma mudança de paradigma como essa requer que as pessoas mudem a sua mentalidade e obtenham novas habilidades. A chave aqui é a habilidade de enxergar a inovação de uma forma mais holística. A inovação tem que estar mais do que simplesmente voltada a produtos e serviços centrais. Deve envolver tantas funções comerciais quanto possível, e não somente P&D e Vendas & Marketing. Quando eu faço palestras nas empresas, geralmente dou de cara com os participantes de sempre. De longe, o maior contingente vem do setor de P&D que costuma ser composto por pessoas que têm pouca orientação comercial. Onde estão os indivíduos do setor financeiro, de aquisições e da cadeia de abastecimento? Tome como um sinal de uma forte cultura de inovação quando diversas funções comerciais participarem de iniciativas de inovação. Infelizmente, isso não ocorre com muita frequência.

ELEMENTOS DE UMA CULTURA DE INOVAÇÃO ABERTA

Em minha comunidade da 15inno no LinkedIn, Chris Thoen, um diretor de P&D da Procter & Gamble começou uma espirituosa discussão ao perguntar quais elementos são necessários para criar uma cultura de Inovação Aberta. A comunidade sugeriu que a Inovação Aberta requer esses elementos:

- Pessoas que possam administrar os relacionamentos com os clientes e parceiros. Isso requer pessoas ágeis e flexíveis que tenham as suas habilidades e inteligência emocional – habilidades sociais fundamentais como autoconsciência, autorrealização e empatia – em somatória às tradicionais habilidades de conhecimento profissional.

- Disposição para aceitar que nem todas as pessoas inteligentes trabalham em seu departamento ou até mesmo para a sua companhia, e uma correspondente disposição para encontrar e trabalhar com pessoas inteligentes, sejam de dentro ou de fora da empresa.

- Disposição para ajudar os funcionários a alcançar o conhecimento e o entendimento sobre como uma ideia ou tecnologia se torna um negócio lucrativo, talvez ao desenvolver um programa de rotatividade de trabalho que até poderia engajar parceiros e clientes.

- Entender que a falha representa uma oportunidade para aprender, e disposição para recompensar aqueles esforços e aquela forma de aprendizado. Falhar é um fato que faz parte da vida, das companhias que perseguem a inovação com seriedade, e a resposta de um líder tem um efeito enorme na cultura da companhia e, portanto, nos projetos futuros.
- Dispensar o NFIA ("não foi inventado aqui"). Se nós fizermos o melhor uso das ideias internas e externas, nós triunfaremos. Não precisamos possuir tudo e manter todas as coisas sob nossas asas. Nós devemos lucrar a partir da utilização que os outros fazem do processo de inovação, e devemos comprar a propriedade intelectual de outros, sempre que isso significar uma vantagem para nosso modelo comercial.
- Disposição para tentar equilibrar a P&D externa e internamente. A externa significa criar valor; a interna é necessária para ter direito a uma parte desse valor.
- Disposição para assumir os riscos ao invés de ter aversão a eles, ao mesmo tempo em que você faz uso do bom senso para equilibrar o nível de risco.
- Aceitar que a Inovação Aberta de fato levanta assuntos referentes à propriedade intelectual. O seu departamento jurídico pode optar por jogar na defesa ou no ataque. Espero que eles adotem uma abordagem construtiva que apóie o progresso em direção às metas de desenvolvimento comercial da companhia.
- Entender que a Inovação Aberta requer comunicação aberta. Trabalhe orbitando os temas de confidencialidade e propriedade intelectual para criar um ambiente de confiança.
- Não tenha a necessidade de ser sempre o primeiro. Construir um modelo de negócio aprimorado é melhor do que chegar primeiro ao mercado.

Finalmente, reconheça que não é mais somente necessário ser um bom administrador de projetos, pesquisador ou engenheiro – ou líder. Como você irá aprender com este livro, a Inovação Aberta requer uma mentalidade diferente; ela também precisa de novas habilidades que incluem os seguintes pontos:

- Ponto de vista holístico – a visão de raio-X
Se você quer criar uma inovação significativa, você precisa ser capaz de trabalhar com todas as funções comerciais e com muitos tipos de inovação para transformar as ideias em produtos, serviços ou métodos comerciais lucrativos. Eu chamo isso de visão de raio-X. Isso tem a ver, na verdade, mais com uma mentalidade do que com uma habilidade, mas que é extremamente importante de ser desenvolvida.

- Rede de Comunicação
A Inovação Aberta tem tudo a ver com redes de comunicação no trabalho, então a habilidade de construir uma cultura de rede é essencial para o papel do líder inovador. Cheque o Capítulo 15 para uma discussão mais profunda sobre este tópico.

- Fazer uma "abordagem de 1 minuto" eficiente
Na medida em que sua companhia chegue até outras organizações, você precisa ser capaz de esboçar mensagens convincentes para as pessoas que deseja influenciar. Isso também se aplica aos acionistas internos que podem fazer os projetos acontecerem ou destruí-los. Eu irei abordar esse assunto mais profundamente no Capítulo 6.

- Administrar os colaboradores
Você não precisa ter todos os colaboradores ao seu lado, mas você precisa gerar um suporte adequado para fazer com que suas ideias sejam campeãs, e um apoio suficiente para superar as dificuldades. Cheque o Capítulo 8 para obter mais informações sobre esse assunto.

Nos capítulos a seguir você irá aprender como desenvolver uma cultura interna que aborde e recompense a Inovação Aberta e apóie os seus objetivos pessoais de ser um grande líder inovador.

QUESTÕES DIFÍCEIS E GRANDES RESPOSTAS – A GENERAL MILLS PREPARA A INOVAÇÃO ABERTA

Em uma primeira olhada, a iniciativa G-WIN da General Mills parece exatamente igual a muitos outros portais de Inovação Aberta que estão surgindo no momento. Então, ao invés de vender meu peixe sobre o assunto, eu fiz uma entrevista com Jeff Bellairs, que é diretor da Rede de Inovação Global da General Mills, para obter um entendimento melhor do "porquê" e do "como" dessa iniciativa.

Isso acabou se tornando uma ótima experiência de aprendizado que eu gostaria de partilhar com os outros. Eu dei início à entrevista dizendo a Jeff que eu era mais ou menos neutro em relação ao projeto deles. Algumas coisas pareciam boas, outras nem tanto. Também mencionei que um comunicado de imprensa que eles haviam recentemente divulgado sobre o projeto e o portal em si levantavam diversas questões.

Eu fiz perguntas bastante diretas e simples, e na verdade não esperava muito das respostas. Então, a abertura e o *feedback* informativos que recebi de Jeff Bellairs foram realmente uma grande surpresa. A entrevista foi assim:

Você pode explicar o motivo que deu origem a essa iniciativa?

Bellairs: Nós aprendemos muito em mais de quatro anos que nos dedicamos ao programa de inovação conectada e o nosso website reflete muito sobre esses *insights.* Um dos fatores-chave que descobrimos foi que precisávamos de uma forma mais eficiente para combinar as necessidades de nossos negócios de ponta com o talento que possuía o potencial de resolver esses problemas e ir ao encontro às nossas necessidades.

Nós acreditamos que através da nossa parceria alfa com a inno360, ficamos bem no nosso caminho para desenvolver uma conexão junto a um ramo de trabalho que irá acelerar nossos esforços articulando claramente as nossas necessidades comerciais e identificando os talentos que precisamos. Os seguintes pontos são aprimoramentos-chave do website que se baseiam em nosso aprendizado:

- Necessidades claramente articuladas.
- Submissão de processos não-confidenciais.
- Revisões em momentos oportunos.
- Convites para se juntar à rede da G-WIN de forma que impulsionemos os indivíduos que disponham das habilidades e interesses corretos.

Como a General Mills define Inovação Aberta?

Bellairs: Na verdade nós preferimos o termo inovação conectada. Em seu ponto central, tudo se relaciona com uma conexão mais eficiente com pessoas inteligentes que possam nos ajudar a superar eficazmente nossas necessidades comerciais. Essa conexão pode ser com colegas, fornecedores, outras empresas alimentícias ou talvez companhias que atuem em indústrias completamente diferentes. Nosso programa está focado em construir as ferramentas e os processos necessários para nos conectar mais eficientemente com todo o espectro de possibilidades.

Qual é o link dessa iniciativa com a sua estratégia de inovação? E como isso ajuda a sua estratégia corporativa geral?

Bellairs: Nossa estratégia de inovação é construir uma teia rica de novos produtos e impulsionar os produtos que contenham altos níveis de bom gosto, saúde e conveniência para o consumidor. Nosso programa de inovação conectada busca aumentar e acelerar esses esforços, impulsionando a comunidade global de cientistas, engenheiros e outros indivíduos criativos que possam solucionar problemas técnicos e suprir as capacidades requeridas.

Quais ações você tomou para se tornar o parceiro de escolha favorito dentro de sua indústria? Minha observação inicial é que o portal G-WIN não parece focar efetivamente em outros que não sejam a General Mills.

Bellairs: O título de parceiro de escolha favorito é conquistado através de ações consistentes e pela liderança demonstrada na área de Inovação Aberta. Nós acreditamos que dispomos de todos os elementos necessários para ganhar esse título e para nos mantermos alinhados em nosso caminho. Nós temos:

- Um grupo dedicado de Desenvolvimento Externo de Parceria, focado em construir modelos de negócios criativos e relacionamentos em parceria, de forma que a General Mills e nossos parceiros recebam seus devidos valores. Nossa meta é criar relacionamentos benéficos de forma mútua e recompensar legitimamente nossos parceiros por suas contribuições.
- Uma equipe de empresários inovadores, dedicada a cada um de nossos negócios, que faz uma triagem das submissões nos momentos adequados e, igualmente, integra componentes externos no desenvolvimento dos projetos.
- Uma equipe de inovação dedicada, conectada e centralizada, que desenvolve novas ferramentas e metodologias e partilha muito desse trabalho através de publicações e palestras.

Nós desenvolvemos um portfólio de produtos de sucesso, temos uma lista crescente de prêmios e reconhecimentos externos e, o que é mais importante, temos um número de parceiros que estão percebendo recompensas tangíveis por terem trabalhado com a General Mills.

Sobre isso, eu gostaria de saber mais sobre quais ações vocês tomaram para fazer a conexão entre recursos internos e externos, da forma mais suave possível, tanto na fase de introdução como de integração?

Bellairs: Boa pergunta. Há cerca de um ano, nós fizemos uma retrospectiva em muitos de nossos projetos de inovação conectada, prestando atenção especial àqueles que tiveram uma redução de velocidade ao longo do caminho. Nós aprendemos que apesar de termos um processo bem determinado para comercializar o desenvolvimento interno de produtos, precisávamos de um processo similar para as tecnologias e produtos que eram incorporados, vindos de fontes externas.

Nossa resposta foi estabelecer uma Equipe de Velocidade Externa, um time de funcionabilidade cruzada que se reúne a cada duas semanas para discutir abertamente projetos, partilhar *insights* e para se certificar que as comunicações apropriadas estão acontecendo.

Além disso, lançamos o nosso programa empresarial de inovação dedicando assim recursos (ou pessoas) da inovação conectada para cada uma de nossas divisões comerciais. Esses indivíduos têm um número grande de responsabilidades, sendo uma delas garantir a integração eficaz das aptidões de fontes externas dentro da rede de iniciativas comerciais.

O comunicado de imprensa menciona sobre o G-WIN que "parceiros que ajudam a companhia a alcançar a sua meta de inovação podem se beneficiar dos recursos, escala e credibilidade da General Mills no mercado para impulsionar seus próprios negócios". Você poderia elaborar um pouco essa questão?

Bellairs: Com vendas de quase U$16 bilhões, a General Mills é a sexta maior companhia alimentícia do mundo, e uma companhia de uma escala grandiosa. Nós temos um portfólio de marcas que estão entre as mais confiáveis e respeitadas da indústria de alimentos e uma força de vendas dedicada que nos assegura que tenhamos uma distribuição imediata dos novos produtos. Esses são os elementos críticos necessários para o sucesso, elementos tais que a maioria dos empresários não tem acesso. Quando abordamos uma oportunidade de parceria, trabalhamos para construir relacionamentos de sinergia nos quais nossas aptidões singulares suplementam e fortalecem as aptidões do parceiro. Nós acreditamos que as barreiras para entrar nos negócios de comida são baixas, mas as barreiras para conquistar a escala são altas. Nossos recursos e capacidades podem diminuir essas barreiras.

Quais passos vocês tomaram na direção de construir ecossistemas de parcerias para desenvolver novos produtos, soluções, ideias e tecnologias?

Bellairs: Nós, com frequência, conversamos sobre quatro níveis de inovação conectada. Os três primeiros sendo uma colaboração interna eficiente, com supervisores e outros departamentos de confiança, e também com parceiros.

O quarto nível trata-se da construção de novos modelos de colaboração, e naquela área, nós temos um número de esforços chegando. Temos como dois exemplos:

1. Consórcio – Estamos fazendo experiências ativas com modelos de consórcio que pesquisam recursos e *insights*, criam escala e diminuem os riscos em um projeto na área de sustentabilidade.

2. Estamos construindo um ecossistema de parceiros cujas habilidades combinadas irão nos capacitar a encontrar as nossas necessidades no espaço da saúde e do bem-estar. Enquanto mapeávamos o ecossistema existente, nós aprendemos que nenhum parceiro poderia resolver o problema sozinho, mas que ao juntar as companhias com o foco e a visão adequados, nós acreditamos que acertamos o caminho na direção de uma tecnologia que romperá com todas as barreiras.

O projeto G-WIN parece focar em P & D dentro da General Mills. Como vocês também envolvem outros tipos de inovações e funções comerciais?

Bellairs: Nosso programa de Inovação Aberta começou dentro da área de Pesquisa e Desenvolvimento da organização. Quando o programa cresceu, ele se espalhou por toda a empresa. Nós acreditamos firmemente que podemos ser ainda mais bem-sucedidos quando escutarmos as pessoas inteligentes que estão fora da General Mills e que podem ajudar a direcionar o nosso negócio positivamente, caso isso tenha impacto na P & D, operações, marketing ou em algum outro aspecto do nosso negócio.

Quais são os maiores obstáculos internos desse projeto?

Bellairs: O maior desafio tem sido simplificar o processo bastante complexo de articular as necessidades e combiná-las com os jogadores-chave que existem dentro do cenário de talentos global. Nossa meta tem sido criar uma conexão de bancos de trabalho que nossos criadores possam usar para arquitetar novas conexões. Nós estamos encantados com a grande liderança e o talento na inno360, e acreditamos que estamos fazendo um ótimo progresso, direcionado a construir o banco de trabalho intuitivo.

Após ter recebido essas respostas de Jeff, eu enviei um e-mail de volta: "Isso é ótimo! Isso nos dá uma ideia muito melhor dos seus esforços de Inovação Aberta e eu realmente gostei de várias de suas iniciativas. Por que você não inclui algumas dessas informações no seu website? Eu estou me referindo especialmente às suas respostas relacionadas ao parceiro de escolha e sobre como conectar recursos internos e externos. Se eu estivesse na outra extremidade, ficaria satisfeito em saber que vocês têm tais iniciativas".

Sobre isso, Jeff respondeu: "O motivo pelo qual algumas dessas informações não estão no website é que nós ainda o estamos desenvolvendo. Temos um *design* novo planejado para o começo do próximo ano. Queremos espalhar as informações sobre as novas capacidades do portal de inovação agora, ao invés de esperar até o novo *design*. Então, apreciamos e recebemos muito bem seus pensamentos e *input* sobre o tipo de informação que seria mais útil para os parceiros *externos*".

Eu gosto de saber que a General Mills confirme o fato de que ainda esteja aprendendo e de que eles são corajosos o suficiente para começar a aprender a voar no mundo real, e obter o *feedback* necessário para melhorar a sua iniciativa. Crédito para a General Mills por isso, assim como pelo *insight* que eles tiveram sobre como abordar a Inovação Aberta.

TAREFAS-CHAVE DO CAPÍTULO

- Sua resposta para o motivo pelo qual a sua companhia deveria tentar a Inovação Aberta precisa direcionar de que forma ela pode ser uma parte importante da estratégia de inovação geral, o que por sua vez precisa estar altamente alinhada com a estratégia corporativa geral.
- Uma mudança de paradigma requer que os empregados alterem a sua mentalidade e obtenham novas habilidades.
- A inovação tem que ser mais do que simplesmente produtos e serviços centrais, e deve envolver tantas funções comerciais quanto for possível, e não somente P&D e Vendas & Marketing.
- Os elementos necessários para criar uma cultura de Inovação Aberta incluem:
  - › Pessoas que possam administrar os relacionamentos com os clientes e parceiros.
  - › Disposição para aceitar que nem todas as pessoas inteligentes trabalham em seu departamento ou até mesmo para a sua companhia, e uma correspondente disposição para encontrar e trabalhar com pessoas inteligentes, seja de dentro ou de fora da empresa.
  - › Disposição para ajudar os funcionários a alcançar conhecimento e entendimento de como uma ideia ou tecnologia se torna um negócio lucrativo, talvez ao desenvolver um programa de rotatividade de trabalho que poderia até envolver parceiros e clientes.
  - › Entender que a falha representa uma oportunidade para aprender, e disposição para recompensar aqueles esforços e aquela forma de aprendizado.
  - › Dispensar o NFIA ("não foi inventado aqui").
  - › Disposição para tentar equilibrar a P&D externa e internamente.
  - › Disposição para assumir os riscos ao invés de ter aversão a eles, ao mesmo tempo em que se faz uso do bom senso para equilibrar o nível de risco.
  - › Aceitar que a Inovação Aberta de fato levanta assuntos referentes à propriedade intelectual. O seu departamento jurídico pode optar por jogar na defesa ou no ataque.
  - › Entender que a Inovação Aberta requer comunicação aberta. Trabalhe orbitando os temas de confidencialidade e propriedade intelectual para criar um ambiente de confiança.
  - › Não tenha a necessidade de ser sempre o primeiro. Construir um modelo de negócio aprimorado é melhor do que chegar primeiro ao mercado.
- Finalmente, reconheça que não é mais somente necessário ser um bom administrador de projetos, pesquisador ou engenheiro – ou líder. Como você irá aprender com este livro, a Inovação Aberta requer uma mentalidade diferente; ela também precisa de novas habilidades que incluam:
  - › Ponto de vista holístico – a visão de raio-X.
  - › Rede de Comunicação.
  - › Fazer uma "abordagem de 1 minuto" eficiente.
  - › Administrar os colaboradores.

Capítulo **4**
AS PRIMEIRAS COISAS PRIMEIRO

QUANDO VOCÊ SE ENVEREDA NO CAMINHO DE CONSTRUIR uma organização de Inovação Aberta, é imperativo entender que você só terá uma chance e meia para acertar.

Por que uma chance e meia? Se você não conseguir criar o momento em sua primeira tentativa, pode ser que você consiga ter mais uma chance. Mas nesse momento, você não estará mais começando com uma ficha em branco, então suas chances de sucesso serão menores do que na primeira vez. Em outras palavras, você só terá meia chance por conta da descrença criada pelo fracasso da tentativa anterior, o que fará desta tentativa uma séria batalha ladeira acima.

Neste capítulo, nós olharemos os primeiros passos críticos que você precisa dar para ajudar a garantir o sucesso da primeira e importante tentativa. Dar esses passos construirá uma forte espinha dorsal para as suas iniciativas, superando as dificuldades relacionadas às pessoas que impedem o sucesso da inovação em muitas organizações (o conselho deste capítulo é aplicável a qualquer estratégia de inovação, e não apenas aos esforços de Inovação Aberta).

Esses passos são:

- Estabelecer uma ordem clara, um forte propósito estratégico e um tema para conceber ideias.
- Conduzir uma análise dos colaboradores.
- Desenvolver uma estratégia de comunicação.

- Construir uma linguagem em comum.
- Incluir abordagens organizacionais que alcancem o CBL (C = de cima para baixo, B = de baixo para cima, L = de lado a lado).
- Esforçar-se para *ser* inovador em vez de *tentar ser* inovador.

QUAL A SUA ORDEM PARA A INOVAÇÃO ABERTA?

Para que você tenha alguma chance de fazer as coisas certas na primeira vez, os funcionários precisam acreditar que os líderes da companhia estão falando sério sobre a transformação para uma cultura de Inovação Aberta. É só conversa fiada, ou os líderes deram uma ordem consistente para se efetuar uma mudança real? E os líderes inovadores estão à altura do desafio? As respostas para essas questões importantes ficam aparentes para os funcionários de forma bem rápida. Qualquer dissonância entre uma ordem e um objetivo de Inovação Aberta, e a realidade sobre como as coisas realmente são feitas, não consegue ser escondida.

Os executivos e líderes seniores inovadores têm que desenvolver uma intenção na forma de um objetivo estratégico, mas também têm que definir a ordem que será dada. Uma ordem claramente especificada pode ajudar a trabalhar os inevitáveis conflitos internos no que diz respeito aos recursos e a autoridade dada à equipe de inovação.

A ordem deve ser simples de ser comunicada aos colaboradores que se envolverão em alcançar a intenção ou o objetivo. A ordem deve:

- Fornecer detalhes dos recursos e da autoridade dada para a equipe de inovação.
- Esclarecer como os conflitos em potencial serão tratados.
- Encorajar os colaboradores a resolver problemas sobre assuntos como alocação de recursos e comprometimento, sem envolver os executivos.

Os líderes de inovação têm que obter apoio dos executivos. Se gerentes medianos sentirem que os líderes de inovação não têm apoio executivo, eles tenderão a focar em suas próprias pautas, ao invés de colocar o foco no que é o melhor para a companhia. Em tais casos, os executivos precisam enviar sinais fortes de que eles estão pessoalmente comprometidos com a iniciativa de Inovação Aberta. Pode ser necessário que os executivos precisem mostrar o seu comprometimento em relatórios com indivíduos e grupos. Jørgen Mads Clausen, ex-CEO da Danfoss, era muito bom em chamar os gerentes de lado e olhá-los diretamente nos olhos, enquanto dizia para eles que realmente acreditava na iniciativa de inovação e que esperava que os gerentes compartilhassem de sua abordagem.

Os líderes inovadores também têm que educar os executivos sobre a Inovação Aberta e, ainda mais importante, precisam deixar bastante claro as consequências das decisões executivas.

Temas referentes à inovação não são fáceis para os líderes e executivos. Alguns anos atrás, eu tive uma conversa interessante com um líder inovador em uma produtora internacional de produtos de alta capacidade. A companhia havia confiado no portfólio de um produto estável durante anos, e apesar do sucesso, sabia que era hora de olhar além, em direção à inovação incremental. Esta companhia precisava trabalhar nas mudanças de paradigma que incluíam um foco mais forte nos serviços e soluções, em vez de apenas focar nos produtos.

Para isso, eles trouxeram a bordo um grande líder inovador que rapidamente juntou um time de pessoas com uma variedade de *backgrounds* e competências. Foi uma boa combinação entre a inovação radical e a incremental, mas, inevitavelmente, as diferentes mentalidades levaram a diversos choques.

O líder inovador precisou educar o CEO sobre as suas ideias e sua mentalidade. Esse processo correu bem, mas o líder e sua equipe continuaram a batalhar com outras partes da organização. O líder trouxe o assunto para o CEO e acabou um pouco surpreso ao obter a seguinte resposta: "Bob, eu gosto do que você está fazendo e eu realmente quero apoiar o seu trabalho. Você sabe disso. Entretanto, se as suas iniciativas causam tanto transtorno eu preciso escutar o nosso pessoal principal. Eles são os que trazem a nossa renda e os nossos lucros, e nós precisamos disso. Tente trabalhar essas questões de uma forma mais sutil".

A mensagem clara era que, se houvesse problemas demais, o CEO teria que se livrar do líder inovador para satisfazer os outros indivíduos. Infelizmente, diferente deste caso, a maioria dos líderes não recebe uma ordem clara dos seus executivos. Isso pode levar a situações desagradáveis e definitivamente torna o trabalho de um líder inovador ainda mais difícil.

A ESTRATÉGIA DA INOVAÇÃO E OS PROPÓSITOS ESTRATÉGICOS

Como mencionado no capítulo anterior, as melhores iniciativas de inovação são construídas dentro de uma estratégia de inovação, a qual está altamente alinhada com a estratégia geral. Mas como uma estratégia de inovação deve se parecer? Ela pode ter várias formas diferentes porque precisa refletir a companhia em si.

Eu definitivamente gosto da *Innovation Intent* criada pela Grundfos, uma das maiores fabricantes de bombas hidráulicas do mundo. Dê uma olhada nesta descrição retirada de um documento chamado Desafio Grundfos 2009:

"Na Grundfos nós atingimos com bastante sucesso muitas de nossas metas e, portanto, recentemente revisamos as nossas perspectivas comerciais de longo prazo na tentativa de enxergar de 15 a 20 anos à frente. Isso levou à criação da *Grundfos Innovation Intent*. Ela representa uma estrela-guia que irá trazer foco para os nossos esforços de inovação de longa duração e nos dar a certeza de que a companhia está indo na direção certa. A *Innovation Intent* abraça três desafios, com os quais todos os grandes lançamentos da Grundfos nos próximos 20 a 30 anos precisam estar em consonância:

PREOCUPAÇÃO: Coloque a sustentabilidade em primeiro lugar.
CUIDADO: Esteja atento para um mundo em crescimento.
CRIAÇÃO: Seja pioneiro em novas tecnologias.

Em outras palavras, a Grundfos irá estabelecer uma posição substancial nos mercados em crescimento ao fornecer ofertas e soluções sustentáveis de nível superior, baseadas em tecnologia que o mundo ainda não conhece. Perfeitamente alinhada aos valores centrais – ser responsável, pensar à frente e inovar – a *Innovation Intent* é um enunciado claro e audaz sobre onde e como a Grundfos quer desenvolver o seu negócio. É nossa ambição que, em 2025:

- A Grundfos empregue 75.000 pessoas em todo o mundo – o número hoje é de 18.000.

- 50% de nosso crescimento esteja vindo de plataformas de tecnologia que ainda não foram inventadas em 2007.
- Um terço de nossa renda venha de outros produtos que não sejam bombas.
- Nós ainda sejamos a número 1 em circuladores e uma especialista em soluções sustentáveis para o lar.
- Nós sejamos especialistas em vender diretamente para os usuários finais dentro de segmentos industriais selecionados e serviços públicos.
- Nós gravitemos ao redor de centros locais de instalações excelentes, onde quer que eles estejam.
- Tenhamos nos tornado especialistas em traduzir as necessidades dos usuários em novos produtos e conceitos comerciais.
- Nós sejamos a primeira escolha como local de trabalho dos melhores e mais brilhantes colaboradores.

Além do trabalho de inovação no seu núcleo, a companhia testa novas possibilidades no Novos Negócios Grundfos, que desenvolve projetos voltados para garantir que os limitados recursos do planeta irão bastar para um rápido crescimento populacional, com um aumento constante de energia, sem destruir o meio ambiente.[1]"

Eu gosto desta ligação entre a inovação e a estratégia corporativa geral e definitivamente estou ansioso para ver o que a Grundfos fará no futuro. Alguns dos leitores de meu blog sentiram que isso era mais uma visão do que uma estratégia e talvez eles estejam certos. Mas eu acho que qualquer que seja o rótulo que você colocar, o ponto-chave é que a Grundfos estabeleceu alguns direcionamentos de longa duração para a sua inovação. Eu acredito que a *Innovation Intent* possa servir de inspiração para outros sobre como formar uma intenção/estratégia/visão de inovação.

Um dos exemplos mais citados do objetivo de uma estratégia geral que inspirou grandes feitos é a declaração de John F. Kennedy: *"Eu acredito que a nação deva se comprometer para alcançar o objetivo, antes do fim da década, de aterrissar o homem na lua e fazê-lo voltar em segurança para a Terra."* Este objetivo uniu não apenas a NASA, mas toda uma nação por trás do esforço de superar a União Soviética na corrida espacial.

Nem toda organização está envolvida em esforços tão grandiosos como enviar pessoas para a lua, mas declarar com sinceridade o que você espera alcançar é importante mesmo assim. Hoje, a P & G diz que a sua meta com a Inovação Aberta é se tornar o parceiro de escolha preferido para a Inovação Aberta e para colaboração dentro de seu segmento. Aqui estão alguns outros exemplos mais gerais sobre os objetivos estratégicos que encontrei em companhias com as quais tenho trabalhado ou pesquisado nos últimos anos:

DANFOSS:

- Identificar e desenvolver novas iniciativas que gerem um crescimento significativo e/ou uma vantagem estratégica.
- Identificar e desenvolver talentos.
- Mudar a cultura e estabelecer inovações e iniciativas dentro da empresa como uma quarta carreira.

INTEL:

- Estimular e incentivar o pensamento criativo.
- Desafiar o *status quo* e abraçar a mudança.
- Fornecer um ambiente de trabalho desafiador.

GRUNDFOS:

- Experimentar e desenvolver futuros paradigmas organizacionais.
- Criar novos planos de carreira para gerentes da Grundfos.

Note que em cada caso, uma porção da linguagem se foca nos aspectos relacionados às pessoas da organização, como mudar a cultura corporativa ou desenvolver novos planos de carreira. Isso ajuda os funcionários a responderem a questão "O que isso trará de bom para mim?". No final, a inovação precisa ser algo que faz dinheiro e dá lucros, mas isso não acontecerá se você suprimir o aspecto pessoal. Companhias inovadoras entendem isso, e isso deveria ser uma lição-chave para todos os líderes e executivos.

CRIANDO IDEIAS QUE VÃO DIRETO AO ALVO POR TEREM UM TEMA CONCEITUAL

Junto com o objetivo da sua estratégia, você também deve usar temas conceituais para estruturar e focar suas atividades geradoras de ideias em direção ao resultado pretendido. Aqui se explica porque isso é tão importante. Quando eu converso com líderes de inovação sobre gerar ideias, eu digo com frequência que ter ideias nunca é o assunto. Você tem muitas ideias em sua organização e terá ainda mais se começar a se abrir para os canais externos. Se você achar que não tem ideias suficientes, o motivo costuma ser que você não está olhando nos lugares certos ou não sente que as ideias são boas o suficiente. Geralmente, é a segunda opção, então o assunto tem mais a ver com qualidade do que quantidade. Como você encontra as ideias que realmente importam? Muitas companhias cometem o erro de não estruturar adequadamente a busca por ideias. Elas falham ao estabelecer um escopo ou um tema para a geração de ideias que se alinharão em áreas que combinem com as metas de inovação da organização. Como resultado, elas não têm qualquer filtro com o qual possam avaliar e selecionar as ideias que tenham um potencial verdadeiro.

Em outras palavras, o maior erro que você pode cometer no que tange à geração de ideias é dizer para as pessoas que tudo é válido. Use essa abordagem e você será enterrado por ideias, sem ter uma noção clara do que fazer com elas. Isso se torna especialmente verdadeiro quando você começa a pedir ideias para o mundo externo. Você irá interagir com pessoas que podem ter pouco ou nenhum entendimento do seu negócio. Sem dar uma direção para elas sobre as áreas específicas de seu interesse em inovação, você estará apto a receber um monte de inutilidades e talvez nada de valor real.

Ao focar melhor e estabelecer um processo de filtragem, você pode avaliar as ideias rapidamente, decidir qual é a que você está buscando, qual não é, e qual fica em algum lugar no meio do caminho. Sem um processo desses, você irá se atolar em ideias que podem não ir a lugar algum.

O seu tema conceitual deve ser direcionado pela estratégia de inovação. Ele deve ser claro e revigorante, algo que irá excitar as pessoas e motivá-las a mergulhar de cabeça em áreas as quais elas possivelmente ainda não focaram.

Por exemplo, em um golpe de antecipação, o CEO da Danfoss desafiou os participantes da primeira competição de planejamento comercial da empresa (a qual eu irei discutir profundamente no capítulo bônus) a pensar a respeito de ideias comerciais para a Danfoss caso o preço do barril do petróleo chegasse a mais de U$100 – o qual realmente chegou, quatro anos depois. No segundo ano da competição, a Hewlett-Packard estipulou que todas as ideias teriam que ser sobre novos negócios que operassem no ambiente da Web 2.0. Estar tão focado e esclarecido sobre quais tipos de ideias você tem que buscar é como usar uma arma de um atirador de elite, ao invés de uma espingarda.

Aqui segue outro exemplo. Neste caso, a companhia esboçou os seus objetivos para todo o mundo e pediu que as pessoas de fora participassem da inovação. No seu relatório anual de 2005, a Toyota descreveu sua visão e filosofia que guia o desenvolvimento de suas iniciativas tecnológicas:

"Sob a visão de "Zeronize", nós estamos buscando persistentemente eliminar os aspectos negativos dos carros na sociedade, como problemas ambientais, acidentes de trânsito e congestionamento, ao mesmo tempo em que queremos maximizar plenamente os aspectos positivos, incluindo diversão, conforto e conveniência.[2]"

Então, em 2007, a Toyota Norte Americana lançou uma campanha chamada "Por que não", baseada em três temas, incluindo comprometimento ambiental, impacto econômico e responsabilidade social. Em 2009, ela lançou uma campanha que colhia ideias dos usuários através de um website no endereço www. toyotawhynot.com. Neste site, a Toyota pede para os consumidores ideias sobre como inovar dentro de áreas, como: segurança (comunidades mais seguras), água (redução de consumo), terra (preservação de terras públicas), ar (limpeza do ar), energia (economia de energia) e comunidades (aproximar as pessoas). O website diz às pessoas:

"Na Toyota, somos apaixonados em criar novas formas de melhorar nosso ambiente e ajudar a enriquecer a sociedade. Nós confiamos em uma melhoria contínua para nos impulsionar. Mas nós queremos saber o que inspira você. Criamos um espaço interativo para que você partilhe o seu pensamento de inovação e construa a sua própria comunidade. Então, explore, crie e contribua. Juntos, podemos fazer uma verdadeira diferença."

Eu realmente gosto da maneira com a qual a Toyota conectou a ideia da campanha de coletas à intenção de inovação corporativa, e então a uma campanha de propaganda geral. Além disso, a Toyota não está apenas pedindo qualquer ideia; ela está sendo específica naquilo que procura.

ANÁLISE DOS COLABORADORES

A equipe de inovação precisa ter uma visão geral dos colaboradores internos e externos, e analisar os prós e contras da iniciativa de Inovação Aberta para essas pessoas. Quem será afetado pela intenção da Inovação Aberta? Quais assuntos incomodam essas pessoas? Como os líderes inovadores podem criar um objetivo valoroso que irá fazer com que as pessoas apoiem a iniciativa?

Uma abordagem é criar um mapa de colaboradores que identifique todos os diversos grupos, então desenvolver temas conceituais específicos para cada um deles. Não se esqueça de focar nos influenciadores informais, ou seja, pessoas com um nível desproporcional de influência. Encontre essas pessoas e traga-as para a sua causa, e será mais fácil construir o DNA da inovação.

ESTRATÉGIA DE COMUNICAÇÃO

Programas mais fortes de comunicação são importantes em qualquer situação dentro de uma organização, mas quando a Inovação Aberta for sua meta, eles se tornam essenciais. Sem uma boa estratégia de comunicação, as chances de sucesso durante a sua tentativa e meia não serão muito boas. Para seguir adiante, as pessoas precisam saber aonde ir e como chegar lá. Conhecer as metas estratégicas motiva as pessoas a construir um senso de objetivo coletivo. Então coloque em andamento um plano de comunicação antes mesmo de começar. Certifique-se de aproveitar cada oportunidade para transformar boas notícias em uma história que possa funcionar externamente e internamente. Se o recrutamento for um assunto importante para você, histórias que funcionam fora da companhia são especialmente úteis. Quem não quer trabalhar para uma organização que é vista como altamente inovadora?

Os executivos mais antigos devem comunicar ativamente a importância dos esforços da Inovação Aberta e do enorme suporte que fornecem a ela. Você também deve desenvolver pontos de vista específicos de comunicação com seus grupos de colaboradores. Será ainda melhor se esses pontos de vista estiverem alinhados com os objetivos de valor.

LINGUAGEM COMUM

Um objetivo-chave de sua estratégia de comunicação é desenvolver uma linguagem em comum sobre a Inovação Aberta – e inovação em geral – dentro de sua companhia. Quando todos falam a mesma língua, é realmente mais fácil estruturar os tópicos de forma que todos possam entender e relatar. Como reportado no artigo do *MIT Sloan Management Review,* "Inovação Institucionalizada", a resposta da Intel Corp para as ameaças competitivas no final dos negócios de microprocessadores, no fim dos anos 90, ilustra o valor de uma linguagem em comum.

Clayton Christensen, um professor da Escola de Negócios de Harvard e fundador da Innosight, uma firma de treinamento e consultoria, fez diversas aparições compartilhadas. A Intel posteriormente desacelerou os avanços dos concorrentes compartilhados ao introduzir o seu próprio chip de baixo custo. Christensen se lembra que o CEO da Intel, Andy Grove, lhe disse: "Sabe, o modelo não nos deu qualquer resposta para nenhum dos problemas, mas ele nos deu uma linguagem em comum e uma maneira pela qual podemos estruturar o problema juntos, de forma que conseguimos chegar a um consenso sobre os cursos de ação contra-intuitivos."[1]

O Desenvolvimento de Novos negócios da Grundfos, que desenvolve áreas fora do núcleo central do negócio de bombas hidráulicas da companhia, tem uma boa abordagem para incutir em toda a organização uma linguagem comum de inovação. Certa vez, eles trouxeram Mark Cavender (www.chasminstitute.com), que é um especialista em estratégia de mercado baseada em *Cruzar o Abismo*, por uma semana toda – não apenas para uma sessão ou um *workshop*. Durante essa semana, o diretor dos Novos Negócios da Grundfos ofereceu *workshops* e sessões para seus colegas e para a equipe de companhias que faziam parte de seu portfólio, assim como para os executivos, gerentes e funcionários de seu núcleo comercial. Isso fez com que se tornasse simples se referir posteriormente a conceitos como *Cruzar o Abismo* para as pessoas e, portanto, fazer com que suas ideias fossem compreendidas rapidamente e com facilidade.

A Grundfos fez o mesmo com outros consultores e conselheiros, tentando enviar o máximo de pessoas possível às conferências e programas educacionais. Desta forma, busca por um conhecimento novo e também por oportunidades em redes de trabalho que possam ajudá-la a estruturar uma linguagem em comum para falar sobre inovação. Esse tem que ser um fator importante ao se estabelecer programas educacionais internos.

CBL(F)

Você precisa ter três abordagens organizacionais em mente ao desenvolver o DNA aberto de sua companhia:

- C (de cima para baixo) – Coloque os executivos a bordo e peça por seu comprometimento pessoal para as atividades de inovação aberta. Sem suporte executivo, nenhuma mudança ocorre.

- B (de baixo para cima) – O valor da criação começa com as pessoas – uma a uma, equipe por equipe. Nada acontece a não ser que você consiga fazer com que os funcionários se envolvam. Fora isso, retornando às chances de uma mudança e meia que você tem, para que as coisas funcionem, é importante que as ideias, *feedback* e *input* que vierem dos funcionários e de outros parceiros externos sejam levados a sério pelos líderes inovadores. Se tudo sempre parecer cair dentro de um redemoinho para jamais emergir novamente ou se os líderes não estiverem aptos a se comprometer com resultados em relação às ideias, você perderá a confiança dos funcionários e parceiros externos.

- L (de lado a lado) – Os maiores desafios virão dos gerentes medianos dispostos por toda a organização, porque eles têm uma visão estreita sobre a sua própria responsabilidade de perdas e ganhos. Eles não conseguem ver o quadro inteiro e, portanto, não irão abrir mão de recursos quando não forem beneficiados em curto prazo, ainda que isso seja a coisa certa para a companhia em longo prazo. Se não lidarmos apropriadamente e com eficiência com eles, é possível que eles tragam a Inovação Aberta – na verdade inovação de qualquer gênero – a um estado de estagnação.

Para que a Inovação Aberta ocorra, também precisamos de outro fator: F (pessoas de fora). Parceiros externos trarão conhecimento, habilidades, experiência – e demandas – para a sua organização. Você precisa estar preparado para enfrentar as formas com as quais a influência dessas pessoas de fora poderá afetar o desenvolvimento do DNA em sua companhia.

SEJA INOVADOR EM VEZ DE TENTAR SER INOVADOR

Certa vez eu apresentei um *workshop* em uma empresa, tentando estabelecer processos de inovação. Esta companhia estava em muito melhor forma do que as outras, porque era administrada por empresários que gostam de *spinouts** que ofereçam muitas oportunidades a fim de que os

---

* Tipo de ação corporativa na qual uma empresa se divide em várias sessões dentro de si, na forma de negócios separados. (N.T.)

funcionários que tenham a direção e a capacidade necessárias possam criar novas empreitadas.

Apesar disso, a equipe de administração havia gasto muita energia em uma grande questão: Como podemos nos tornar uma companhia de inovação e como convencemos nossos funcionários de que atingimos essa meta? Eu os convidei a virar essa pergunta do avesso: E se não for uma questão de se tornar, mas sim de ser? A companhia já tinha iniciativas que a qualificavam como sendo inovadora, então a estrutura para a mudança já estava em seu lugar. Uma questão melhor seria: Qual deverá ser nosso próximo passo?

- **Comece no topo.**
  Você não pode convencer ninguém a não ser que esteja convencido. A equipe administrativa realmente tem que acreditar nas suas próprias capacidades de inovação. Mantenha as coisas simples; descubra apenas algumas aptidões as quais todos aprovem e cujo nível de inovação seja alto, então use este ponto em comum como uma plataforma para dar outros passos.

- **Permita que a prova siga a percepção.**
  Percepção é tudo. Uma vez que a equipe administrativa descubra as suas capacidades de inovação reais, faça uma pesquisa ou conduza algum tipo de exercício de avaliação de mercado que transforme essa nova percepção encontrada, em prova.

- **Ofereça iniciativas reais.**
  Agora é hora de trazer iniciativas reais que convençam os funcionários, clientes e outros colaboradores, incluindo parceiros externos, que suas opiniões e contribuições para o processo de inovação são de fato valorizadas. Tais iniciativas podem ir de uma simples caixa de ideias a acampamentos de 24 horas para traçar planos comerciais competitivos e redes de trabalho para inovadores internos e parceiros externos em potencial. O verdadeiro desafio é escutar e realmente fazer algo com os resultados. As iniciativas também poderiam incluir fazer portais de inovação como o Ideastorm da Dell, MyStarbucksIdea, Conecte + Desenvolva da P & G, ou poderiam ser eventos como "O Dia Intuitivo do Empresário", no qual um grupo de empresários, companhias novas e empresas pequenas, porém mais bem estabelecidas, têm a opor-

tunidade de se encontrar e conversar em público com um grupo maior de líderes seniores intuitivos.

- **Torne público.**
Não há nada mais satisfatório para os funcionários do que ler sobre suas próprias habilidades, ou ainda melhor, ter seus amigos, família e contatos comerciais lendo sobre eles. Então, trabalhe nas histórias e deixe que o mundo saiba o quanto vocês são bons. Então, seus funcionários começarão a acreditar.

Novamente, isso tem muito mais a ver com percepção, do que com os fatos. Gerencie as percepções corretamente e a realidade irá segui-las. A sua companhia irá seguir o rastro para ter capacidades inovadoras integradas ao seu DNA.

HOJE BOMBAS. INOVAÇÃO RADICAL PARA O FUTURO!

Mads Prebensen é o Vice Presidente Sênior responsável pela empresa Novos Negócios Grundfos, que trabalha com projetos de inovação radical fora do núcleo central da Grundfos – bombas. Nesta entrevista, ele fala sobre como a Novos Negócios trabalha com inovação radical.

Alguns anos atrás, a Grundfos decidiu acelerar seus esforços de desenvolvimento comercial. Por quê?

Prebensen: A Grundfos sempre teve o desenvolvimento de novos negócios como função da equipe e nós temos mais de 20 anos de trabalho com inovação radical. Entretanto, muitos desses projetos falharam ou não chegaram ao mercado com um impacto forte o bastante. Eles não tinham foco comercial porque, geralmente, eram direcionados pelo pessoal de tecnologia.

O acúmulo de investimentos tornou necessário repensar a estratégia e ficou decidido que seria preciso investir mais em recrutamento para esses projetos radicais. Além de adicionar recursos, nós também nos reestruturamos e hoje a Novos Negócios Grundfos é uma entidade separada legalmente, dentro do grupo. O quadro de diretores também percebeu que seria necessário nos prepararmos para um futuro no qual o negócio de bombas começará a declinar. Precisamos nos redefinir constantemente, e esta é a razão principal para escalonar nossos projetos de inovação radical.

Até recentemente, nossas novas atividades de desenvolvimento comercial eram de dentro para fora; elas eram baseadas nas atividades centrais de bombas. Era difícil criar ideias radicais dentro dessa estrutura. Nosso quadro entendeu que tocar projetos de inovação radical dentro do núcleo principal não funcionaria. Essa máquina é muito aerodinâmica e focada nas operações diárias. Com a Novos Negócios, nós temos uma plataforma de inovação radical onde novos projetos podem perceber um futuro fora do núcleo e com uma estrutura que se encaixe em sua necessidades.

Você está liderando essa nova unidade. Qual tem sido o maior desafio?

Prebensen: Eu estou liderando esta unidade há dois anos e meio. Neste período, meu objetivo principal tem sido tornar as inovações radicais mais bem-sucedidas do que no passado. Nós precisamos criar retornos sólidos para nossos investimentos.

Bem no começo, eu percebi que os projetos de inovação radical deveriam ser instituídos dentro de nossa nova estrutura e que deveríamos desenvolver também novos paradigmas de RH, como quotas de capital. Hoje nós temos gerentes gerais em vez de gerentes de planejamento em nossos projetos mais maduros; essas pessoas são bastante similares aos empresários. Na verdade, Novos Negócios Grundfos se parece bastante com uma companhia de capital de risco.

O maior desafio não estava em convencer o quadro e o núcleo que precisávamos dessa nova estrutura e mentalidade. O verdadeiro desafio veio com a implementação prática. Durante as apresentações para a diretoria, não havia tempo para mergulhar nos detalhes, o que significa que nós tivemos que lutar duas batalhas durante esse processo.

Primeiro, tínhamos que nos assegurar que os diretores – e a equipe de gerenciamento geral – seguiam a nossa visão geral, ainda que eles também tivessem que equilibrar os assuntos e as necessidades do núcleo, assim como os da Novos Negócios.

Nós ainda tivemos que trabalhar muitas dificuldades com relação às funções centrais do pessoal em tópicos como recrutamento de pessoas específicas e esquemas novos de compensação. Foi difícil porque eles estavam acostumados a focar e fazer as coisas de forma diferente. Foi um processo de aprendizado para todos nós. E ainda é.

A Novos Negócios da Grundfos decidiu desenvolver projetos que são bem diferentes do núcleo comercial. Você pode nos dar alguns exemplos?

Prebensen: Todos nossos projetos operam em mercados diferentes ou com modelos diferentes de negócios das nossas atividades centrais.

Um bom exemplo é a NoNox, que desenvolve produtos e serviços baseados na tecnologia de bombas digitais. Essa tecnologia foi adaptada pela indústria automobilística, e os contatos já asseguraram que farão deste um grande negócio. A NoNox pode adicionar alguns bilhões em receita em um mercado no qual a Grundfos nunca foi bem-sucedida, trabalhando antes por conta própria. Além disso, a NoNox tem nos ajudado a construir um nome dentro da indústria automotiva e isso nos dará muito *know-how* industrial e *insights*. Nossas atividades centrais podem, a partir disso, aprender a usar como uma inversão para a indústria automotiva. Este é um bom exemplo de como um projeto pode nos dar acesso a um mercado mais amplo e ser, ao mesmo tempo, um bom negócio em si.

Nós também introduzimos novos modelos comerciais na Grundfos. Um exemplo é o BioBooster, uma instalação extremamente compacta para uma planta de pré-tratamento biológico de esgoto. Originalmente, a Grundfos começou este projeto ao desenvolver componentes que poderiam funcionar como soluções flexíveis e móveis. Infelizmente, os outros dispositivos para a solução não eram nem flexíveis, nem móveis. Os clientes não poderiam se beneficiar de nossa inovação. O projeto veio para a Novos Negócios e decidimos vender não apenas o componente, mas um pacote completo no qual o próprio propulsor é um componente. Hoje, oferecemos para a indústria alimentícia uma planta de esgoto que pode ser alugada sob um acordo de construção operacional própria, se desejado. Nós assumimos plena responsabilidade.

Este é um modelo completamente novo para a Grundfos. Normalmente, nós apenas vendemos componentes. Agora também estamos ganhando dinheiro com operações e propriedade de bens. Isso só pode ser feito dentro de indústrias que não são vitais para o nosso núcleo, que precisa proteger os seus clientes atuais e o ecossistema.

Nós precisamos desenvolver esses novos modelos para atingir as nossas metas de receita no futuro. Também precisamos garantir que o núcleo aprenda com nossas experiências.

Qual foi a lição mais importante em desenvolver projetos tão radicais?

Prebensen: Perceber que projetos atravessam fases e que você precisa colocar os trilhos nos eixos. No começo do ciclo de vida de um projeto, você geralmente precisa desenvolver a tecnologia, o que requer um tipo de gerenciamento. Quando o projeto amadurece, você precisa focar no *background* comercial das pessoas que sejam mais empresariais. Essa mudança precisa ser proativa e direta.

TAREFAS-CHAVE DO CAPÍTULO

- Você só terá uma chance e meia para fazer a Inovação Aberta corretamente, então precisa se preparar com cuidado.
  - › Os elementos-chave que precisam estar em seus lugares certos antes de seguir adiante com a sua iniciativa de Inovação Aberta incluem:
  - › Estabelecer uma ordem clara, um forte propósito estratégico e um tema para conceber ideias.
  - › Conduzir uma análise dos colaboradores.
  - › Desenvolver uma estratégia de comunicação.
  - › Construir uma linguagem em comum.
  - › Incluir abordagens organizacionais que alcancem o CBL (C = de cima para baixo, B = de baixo para cima, L = de lado a lado).
  - › Esforçar-se para ser inovador ao invés de tentar ser inovador.
- A sua ordem de inovação deve:
  Fornecer detalhes dos recursos e da autoridade dada para a equipe de inovação.
  - › Esclarecer como os conflitos em potencial serão tratados.
  - › Encorajar os colaboradores a resolver problemas sobre assuntos como alocação de recursos e comprometimento, sem envolver os executivos.
- Certifique-se que o seu objetivo estratégico responda à pergunta dos funcionários: "O que isso trará de bom para mim"?
- Estabeleça um escopo ou um tema para a geração de ideias que se alinharão em áreas que combinem com as metas de inovação da organização.
- Traga o fator F (pessoas de fora) em adição à CBL.
- Crie um DNA de inovação na companhia com iniciativas reais que convençam todos os colaboradores de que suas contribuições são valiosas.
- Ajude os funcionários a acreditar que a sua companhia é inovadora ao partilhar grandes histórias.

NOTAS

1. Disponível em: http://net.grundfos.com/doc/webnet/challenge/downloads/8714_Assignment.pdf. Acesso em jul. 2009.

2. Relatório Anual da Toyota 2005, p. 26. Disponível em: http://www2.toyota.co.jp/en/tech/its/vision/.

Capítulo **5**
COMO IDENTIFICAR E DESENVOLVER AS PESSOAS
QUE DIRIGEM A INOVAÇÃO ABERTA

ISSO AINDA ACONTECE. Eu me reúno com um grupo de líderes inovadores e uma discussão começa sobre a *front-end** da inovação – como criar novas ideias e projetos. Alguns começam a falar sobre a nova ideia de sua companhia – a campanha de coleta. Tem sido uma boa iniciativa, e eles conseguiram mais de 600 ideias.

Eu não sei se devo rir ou chorar. O cara está feliz, mas ele também mostrou que é um novato no tocante à inovação. Ele ainda não aprendeu que o mais importante não é o número de ideias. Sim, você precisará de uma grande quantidade de ideias em seu funil para garantir que você conseguirá filtrar um número suficiente de boas, mas não deve comemorar apenas porque conseguiu 600 ideias. Você só deve começar a se animar quando tiver 600 ideias e um processo claro e rápido que irá peneirar aquele número para uma média de 30 que possam ser exploradas no futuro. Ainda mais importante, você realmente não deve começar a comemorar até que seja capaz de combinar aquelas 30 ideias com as pessoas que podem fazer o trabalho pesado de descobrir como e se elas podem ser transformadas em realidades lucrativas.

Aqui está o que ocorre frequentemente com campanhas de coletas de ideias que focam na quantidade ao invés da qualidade e ignoram a importância primordial do componente pessoal no sucesso da inovação:

---

* A parte do programa que é responsável pela interface do usuário. (N.T.)

- Você joga 600 ideias em seu sistema, mas não dispõe de recursos suficientes para conseguir trabalhar com todas.

- Você começa a receber perguntas das pessoas que enviaram ideias e que estão verdadeiramente curiosas sobre os próximos passos. Você diz que as contatará depois – no próximo mês. Essas mesmas pessoas procuram-no seis semanas depois. Desta vez elas estão mais desencorajadas e menos entusiasmadas. Você ainda está se afogando em trabalho e apesar de ter revisado todas as ideias, ainda não tem certeza em quais deve apostar. Você pede que elas retornem depois de um mês. Provavelmente, esta é a última vez que você terá notícias dos autores das ideias, que perderam toda a esperança de que algo possa realmente acontecer relação a isso.

- Da próxima vez que você fizer um pedido por novas ideias, poucas pessoas estarão dispostas a doar seu tempo para participar já que as ideias da primeira campanha nunca chegaram a lugar algum.

Claro, isso é um pouco de exagero, mas já ouvi falar de muitas situações assim, então sei que elas acontecem com mais frequência do que pensamos. Não é incomum para companhias que focam em gerar grandes volumes de ideias, através de campanhas de coletas internas e externas, ter problemas com qualificação e escolha de ideias. Além disso, essas companhias frequentemente são incapazes de destacar as pessoas certas para as ideias certas, no momento certo. Boas pessoas oferecem boas ideias, apenas para vê-las desaparecer em um buraco negro, para nunca mais emergirem.

Focar demasiadamente na quantidade de ideias pode também direcionar a sua cultura de inovação para o lado errado. A maior parte das ideias que você recebe é de pessoas que só querem contribuir para se sentir inovadoras. As ideias são livres e é fácil submeter uma delas e esperar que os outros irão segui-la e talvez executá-la.

Agora, esses pseudogeradores de ideias podem se considerar inovadores. Quando eles conversam com colegas que também enviaram suas ideias, todos se convencem de que trabalham para uma companhia com uma cultura de inovação bem desenvolvida. De forma semelhante, se as ideias forem trazidas para a companhia através de um processo de Inovação Aberta, as pessoas podem dizer, "Viu, nós somos tão inovadores aqui que estamos até vasculhando o mundo inteiro para obter mais ideias!" Mas se elas olhassem com cuidado, notariam que nada mudou de fato, porque não existem processos para avaliar e impulsionar realmente as ideias para frente. Então você fez com que algumas pessoas se sentissem bem temporariamente, mas a inovação não está acontecendo de verdade. Repita este padrão algumas vezes e aquela imagem de uma cultura de inovação bem desenvolvida morrerá.

Você precisa entender a ordem correta: as pessoas primeiro, depois os processos, e então as ideias, se você quiser construir uma cultura forte e sustentável. Este livro não tem tanto a ver com processos e ideias, mas tem muito a ver com pessoas, então vamos seguir em frente tendo isso em mente.

FOCO NAS PESSOAS

O mais importante que um líder inovador precisa perceber é que quando se trata de fazer a inovação de qualquer gênero acontecer, as pessoas são mais importantes do que as ideias.

Pense um pouco a respeito. Muitas iniciativas de inovação falham fatalmente porque que os seus líderes não entendem esse simples fato. Na verdade, é mais importante tirar nota 10 em pessoas, do que receber uma enorme quantidade de ideias nota 10. Por que? Porque uma equipe nota 10 pode pegar uma ideia nota B ou até mesmo nota C e transformá-la em uma realidade de sucesso. Uma equipe nota seis, por outro lado, irá se debater até mesmo com ideias verdadeiramente geniais.

Existe uma discussão em andamento na comunidade de capital de risco sobre quais das seguintes opções são as melhores: (1) Um time espetacular, com uma ideia mediana; ou (2) A melhor ideia que você já viu no mercado acoplada a alguns indivíduos medianos. Se nós levarmos isso ao mundo corporativo, a grande questão é se você dispõe de pessoal nota 10 com disponibilidade suficiente dentro de sua organização e que tenha grandes ideias, quer elas venham de dentro ou externamente e que, finalmente, consiga transformá-las em realidade. Uma grande vantagem das grandes corporações sobre organizações de capital de risco é que, em uma grande corporação, você pode destinar pessoas geniais para outros projetos. Claro, isso requer que você já tenha feito o esforço para identificar e desenvolver grandes líderes e empresários inovadores. Então, antes que você fique todo animado em desenvolver toneladas de ideias novas, primeiro descubra como conseguirá combinar essas ideias com as pessoas que podem fazer as coisas acontecer.

Ao começar esse trabalho, aqui vai outro ponto-chave para se lembrar: as habilidades necessárias para liderar e gerenciar um projeto dentro de um núcleo central que já existe – onde a inovação provavelmente será incremental e os recursos abundantes – são significativamente diferentes das habilidades necessárias para superar os desafios e os obstáculos que fazem parte de quase todos os novos projetos comerciais, para os quais os recursos podem ser difíceis de conseguir e a inovação envolvida pode ser significativa ou até radical. Você precisa recrutar pessoas para novos projetos comerciais que tenham mentalidade e aptidões que se encaixem com este desafio diferente.

Recentemente, eu treinei equipes trabalhando para criar novas ideias comerciais que tivessem grande potencial. Os gerentes abordavam isso mais ou menos como se fosse desenvolvimento comercial convencional dentro dos núcleos de projetos; ou seja, eles focavam em pequenos passos incrementais. Eles não entendiam a dinâmica de criar novos projetos comerciais de desenvolvimento ou de inovação com um alto potencial. O maior erro que cometiam era que designavam ideias para pessoas que não tinham paixão por aquele desafio específico. Entretanto, quando se trata de projetos envolvendo inovações com potencial radical ou de penetração, você precisa de pessoas que coloquem o coração e a própria pele em jogo.

Você também precisa identificar as pessoas certas para compor as diferentes fases do processo de inovação. Assim como alguns empresários são melhores em tocar uma companhia em seu estágio inicial e outros são melhores em ajudar na escala do negócio, uma vez que o produto tenha sido lançado, assim também são os empreendedores internos que se encaixam melhor em termos de mentalidade e habilidade em relação a diferentes fases do processo de inovação.

Por exemplo, o modelo: descoberta – inovação – aceleração (D-I-A) da inovação, proposto pelo Grupo de Inovação Radical, identifica três fases:

Descoberta

- Pesquisa básica: procura interna e externa.
- Criação, reconhecimento, elaboração e articulação de oportunidades.

Incubação
- Desenvolvimento da aplicação: técnica, aprendizado do mercado, criação do mercado, domínios estratégicos.
- Desenvolver as oportunidades dentro dos objetivos do negócio: criar uma hipótese de trabalho sobre o que a plataforma tecnológica poderia oferecer ao mercado, como o espaço do mercado irá parecer no final e qual será o modelo comercial.

Aceleração
- Entrar cedo no mercado: focar, responder, investir.
- Intensificar o novo negócio até o ponto em que ele consiga manter-se por conta própria, no que se refere a outras plataformas comerciais da unidade mais moderna recebida.[1]

Este modelo tem sido usado com sucesso em muitas companhias que aprenderam que somente algumas poucas pessoas têm a habilidade de encabeçar o projeto, desde sua fase de descoberta, até a fase de aceleração.

PRECISA-SE DE DOIS TIPOS DE PESSOAS

Tudo isso levanta uma questão: Todas as pessoas dentro de uma organização precisam ser inovadoras? Esse é um tópico de discussão constante em minhas redes. Minha opinião é que você tenta limitar o número de pessoas trabalhando com inovação em tempo integral ou como colaboradores significativos em uma média de 20% da força de trabalho. As outras pessoas realmente precisam tomar conta dos negócios centrais que são os que pagam por todas as coisas novas. Contudo, é importante notar que todos os funcionários – e, com Inovação Aberta, também colaboradores externos ao longo da cadeia de valor – precisam receber a chance de se envolver com atividades de inovação, só que não ao mesmo tempo. Você precisa proteger o centro dos novos negócios e vice-versa.

Eu aprendi que as empresas precisam de dois tipos de pessoas para fazer com que as iniciativas de inovação sejam bem-sucedidas. Elas precisam de *líderes inovadores* que foquem na estratégia e no trabalho tático de construir a plataforma interna necessária para desenvolver capacidades organizacionais de inovação – incluindo a cultura, a ordem, os processos e as pessoas. Os líderes inovadores, então, treinam, facilitam e patrocinam com frequência o segundo grupo necessário à inovação – os *empreendedores internos* que trabalham dentro da plataforma criada pelos líderes inovadores para transformar ideias e pesquisa em produtos e serviços reais que levem o negócio adiante. Assim, em contraste com os líderes inovadores, os empreendedores internos focam no nível operacional, ao invés da estratégia, processos e tática.

Estou definindo o empreendedorismo interno como a prática de usar habilidades empreendedoras sem assumir os riscos ou as responsabilidades associadas às atividades empresariais, ou seja, as de começar o seu próprio negócio. Os empreendedores internos são funcionários que se comportam como empresários, ainda que eles tenham os recursos e as capacidades de uma grande firma para recorrer.

Os líderes inovadores precisam da habilidade de interpretar o cenário corporativo e ser capazes de fazer manobras dentro da política corporativa, para assegurar os recursos internos necessários dos projetos de inovação. Eles precisam atender as dificuldades de muitos colaboradores, incluindo executivos seniores, cargos de chefia e, logicamente, parceiros externos de todas as estirpes que estejam envolvidos na Inovação Aberta.

Por outro lado, os empreendedores internos têm um papel operacional – eles precisam desenvolver um novo negócio que vá ao encontro das necessidades de clientes exigentes. É claro, isso também inclui coordenação com colaboradores da nave-mãe corporativa e outros parceiros externos, mas os empreendedores precisam ter um talento especial para direcionar as necessidades dos clientes pagantes. Os empreendedores internos são mais raros em uma companhia do que os líderes inovadores. Com base em minha experiência, somente de 1% a 3% da força de trabalho de colarinho branco tem o que é necessário para ser um colaborador majoritário que transforma ideias e pesquisa em negócios.

O número de empreendedores internos é baixo por dois motivos. Primeiro, eles têm as habilidades e a força de vontade necessárias para se tornarem verdadeiros empresários e começarem suas próprias companhias. Essas pessoas normalmente não acabam em uma grande companhia em primeiro lugar. Aquelas que acabam estão frequentemente paradas, porque seguiram um plano de carreira tradicional.

Elas já começam no mundo corporativo com a ambição de iniciarem seus próprios negócios assim que ganharem alguma experiência e juntarem o capital inicial. Contudo, uma vez que se acostumam com a segurança de ser parte de uma grande empresa, o espírito empresarial diminui gradualmente, apesar de ser ainda bem mais alto do que na maior parte de seus colegas.

É provável que essas pessoas também se casem e tenham filhos, o que normalmente impede o espírito empresarial. O empresariado tem muito a ver com incertezas e isso não parece ser convidativo para uma esposa avessa a riscos, que se preocupe com o pagamento da hipoteca e com construir uma estrutura estável para seus filhos. Na verdade, é improvável que você se torne um empresário bem-sucedido e ainda goze de uma boa vida familiar, a não ser que tenha um suporte muito forte de sua esposa.

A segunda razão para o número raro de empreendedores internos é o próprio ambiente corporativo em si. Os empreendedores têm um direcionamento constante e uma necessidade inata de sempre questionar o *status quo*, o que sempre os coloca em choque com seus colegas. Eles correm o risco de serem rotulados como criadores de caso, o que torna o caminho deles dentro da organização mais difícil.

Isso acaba forçando-os a buscarem mais oportunidades. Geralmente, eles acabam em uma companhia que descobriu que criadores de caso não são necessariamente algo ruim. Os sortudos ficam e se tornam bens cobiçados para o esforço de desenvolver o DNA inovador de uma companhia.

É importante reparar que existe um terceiro grupo de pessoas que trabalha em período integral ou até em meio período para projetos de inovação. Vamos chamá-los de *colaboradores da inovação*. Eles são normalmente juniores que ainda estão fazendo uma curva de aprendizado, ou então são especialistas com habilidades específicas. Diferentes dos empreendedores internos, eles não assumem um papel primordial na transformação de ideias em realidades; ao invés disso, eles são designados para projetos onde contribuem com pura força de trabalho e/ou seus talentos e habilidades específicas. Como tal, eles são importantes, mas também são facilmente substituíveis.

CARACTERÍSTICAS A SE BUSCAR EM UM LÍDER OU EMPREENDEDOR INOVADOR

O primeiro passo na busca por pessoas que possam ligar as turbinas da inovação em sua companhia é entender o que separa líderes inovadores de empreendedores internos. Quais características você precisará procurar enquanto estiver preenchendo esses importantes pontos em seu gráfico organizacional?

Felizmente, as características que tornam um indivíduo capaz de dirigir a mudança e a inovação – habilidades que são definições-chave, tanto de líderes inovadores, quanto de empreendedores internos – se tornaram razoavelmente bem definidas ao longo dos anos. Essas nove qualidades-chave ajudam a diferenciar ambos:

1. **Ponto de vista holístico.**

   Uma vez que o papel de ambos envolve garantir que a inovação se torne parte do DNA corporativo, líderes inovadores precisam ser capazes de analisar o contexto geral dentro e fora da companhia. Isso inclui a capacidade de decifrar o cenário político interno, o que irá impactar na habilidade dos líderes de levar a inovação adiante, assim como ter um entendimento completo das forças que moldam as oportunidades de mercado da companhia. Essa característica também é útil para os empreendedores internos, uma vez que ela os tornará melhores no desenvolvimento de novos negócios também.

2. **Talento para a rede de trabalho.**

   A inovação requer juntar as pessoas de partes diversas do negócio – ou até mesmo de fora dele – para criar uma força unida, que irá direcionar as novas ideias para frente. Ter uma habilidade inata de trabalhar com uma rede é de um valor essencial para fazer com que isso aconteça. Uma pesquisa feita por Rob Cross da Universidade da Virgínia, e Robert J. Thomas e David A. Light do Instituto Accenture para Alta Performance Comercial, mostra que pessoas que têm um alto desempenho têm a probabilidade de se posicionar em pontos-chave de uma rede de trabalho e alavancar a rede que os cerca de melhor forma, ao implantarem planos novos. Eles também descobriram que essas pessoas tendem a investir em relacionamentos que ampliem a sua especialidade e os ajudem a evitar preconceitos e armadilhas. Por fim, eles descobriram que pessoas de alta performance valorizam as redes e se envolvem com comportamentos que as levam na direção de relacionamentos altamente qualitativos – e não apenas grandes redes.[2] Essas são todas habilidades e comportamentos que você quer em líderes inovadores e empreendedores internos.

3. **Habilidades comunicativas.**

É impossível ter sucesso como um agente de mudanças, sem ter fortes habilidades comunicativas. Os líderes inovadores e os empreendedores internos precisam se comunicar muito claramente para que possam persuadir e inspirar outras pessoas, incluindo aquelas que sejam relutantes em aceitar a mudança. Os líderes e empreendedores servem de modelos para a abertura que é necessária para uma cultura corporativa de inovação.

4. **Otimismo.**

Eles tendem a ver oportunidades ao invés de problemas, e em vez de serem intimidados por desafios, eles são revigorados porque acreditam deter a capacidade de superar os obstáculos. Empecilhos que fariam com que outros entregassem os pontos não abalam a fé desses otimistas; eles têm confiança em sua habilidade de se dar bem em qualquer coisa que se propuserem a fazer.

5. **Paixão e direção.**

Essas pessoas querem mudar o mundo! Essa paixão alimenta o direcionamento necessário para superar qualquer obstáculo que eles tenham em seu caminho. Entretanto, se executivos seniores não partilharem dessa paixão e a cultura corporativa não os apoiar, os inovadores de verdade irão seguir em frente, buscando companhias onde sua paixão seja encorajada e não frustrada. O direcionamento faz deles rolhas flutuando no oceano. Independente do quão bravas as ondas estejam, elas surgem na superfície de novo, e de novo.

6. Curiosidade.

Pessoas que são apaixonadas por um assunto, também são curiosas. Elas estão em um modo constante de aprendizado, sempre querendo estar à frente na curva, no que diz respeito a conhecer novas tendências e desenvolvimentos. Os inovadores de verdade entendem que as lições de um local podem frequentemente ser usadas para direcionar a inovação em outro, então eles geralmente não confinam o seu aprendizado a um único campo.

É importante para eles que sejam curiosos quanto ao emprego de outras pessoas. Ao terem um interesse no que outras pessoas fazem e como aquilo impacta na organização, os líderes inovadores em particular se tornam melhor preparados para ajudar a dirigir a mudança.

7. Crença na mudança.

Está ligada à curiosidade. Pessoas que estão felizes com o *status quo* ou que não têm sucesso no caos que herdam com frequência não se darão bem nesses importantes papéis.

8. Um senso de urgência.

O Professor John Kotter, da Escola de Negócios de Harvard, tido amplamente como a maior autoridade mundial em liderança e mudança, argumenta em seu livro mais recente, *Um Senso de Urgência,* que a verdadeira mudança somente ocorre dentro de companhias se os líderes forem capazes de instigar um senso de urgência em toda a organização. Fazer com que as pessoas se movimentem além da complacência requer uma habilidade de comunicar essa mensagem, tanto para a cabeça (através da exposição da necessidade da mudança), quanto para o coração (através de histórias que atinjam as emoções).

Isso não é uma habilidade que qualquer pessoa possua. Encontrar pessoas com um senso de urgência inato – que sejam capazes de ver oportunidades por trás de muitos dos desafios que os negócios de hoje possuem, e que se excitem com essas oportunidades, ao invés de ficarem amedrontadas – irá ajudar a assegurar o sucesso de seus esforços de inovação.

9. Habilidade de lidar com a incerteza.

Projetos de inovação são incertos por natureza. Líderes inovadores e empreendedores internos aceitam o alto nível de incerteza em relação ao mercado, tecnologia e assuntos organizacionais, e estão confortáveis ao tomarem decisões com base no que sabem no momento. Eles também têm a flexibilidade para reverter essas decisões se surgirem informações novas e relevantes, e normalmente eles preveem isso ao terem um plano B e C.

Ao procurar por essas nove características quando identificamos líderes inovadores e empreendedores internos, você irá melhorar amplamente as suas chances de encontrar as pessoas certas.

Onde Procurar

Agora que você já sabe o que está procurando, quais processos você pode usar para identificar as pessoas que precisa? Algumas possibilidades – das mais simples às mais complexas – incluem:

- **Olhe à sua volta.**

    Uma maneira simples de encontrar as pessoas de que precisa é procurar pessoas que perseguem ideias de forma persistente. Grandes quantidades de funcionários apresentam ideias e esperam que os outros as façam cumprir. Mas se você puder encontrar uma pessoa que continue mostrando paixão e persistência sobre a sua própria ideia, você estará bem mais à frente do que se tivesse 600 pessoas, cada qual tendo submetido uma ideia, mas que não têm de fato o interesse de pôr a mão na massa para tornar aquela ideia real. Com um colaborador persistente e qualificado – e uma boa ideia – as coisas podem acontecer rápido.

    Busque pessoas que persigam suas ideias, pessoas que trabalhem nelas de maneira independente e que talvez até mesmo agreguem outros indivíduos para ajudá-las. Se a ideia for boa, e você tiver esse tipo de pessoa para direcioná-la, você tem algo para edificar.

- **Faça uma competição de planejamento interno comercial.**

    Uma maneira muito mais formal de identificar empreendedores internos potenciais é através de competições de planejamento comercial, similares àquelas feitas nas universidades. Essas competições são bons veículos para identificar ideias fortes, assim como as pessoas que as impulsionam. O Capítulo 17, Competições Corporativas Comerciais, fornece informações mais profundas sobre como conduzir uma dessas competições, quais companhias usar para criar pesquisas para pessoas com habilidades específicas e mentalidade de empreendedorismo inovador.

Uma competição bem feita consegue muitas coisas. Ela o ajuda a identificar os empreendedores internos, impulsiona ideias com um potencial real, ajuda os participantes a atualizarem as suas habilidades empreendedoras e fornece um bom método para combinar o pessoal nota 10 com as boas ideias. No tocante à Inovação Aberta, uma competição interna é um bom exercício de treinamento, antes que você faça as mudanças em direção à Inovação Aberta. Ela pode ajudar a sua organização a edificar as habilidades para fazer com que a inovação ocorra ao longo dos setores; habilidades que precisarão estar na palma da mão quando você abraçar o mundo e precisar fazer com que a inovação ocorra ao longo de duas ou mais organizações.

- **Comece um programa residente de empreendedorismo inovador.**
Por que não adotar a prática do empreendedorismo inovador residente (EIR) que firmas de capital de risco usam? O papel de um EIR varia, mas ele envolve tipicamente um indivíduo que deseja iniciar uma companhia. Às vezes, o empresariado já gastou muito tempo em uma ideia na qual uma companhia que atua com capital de risco poderia investir, após um desenvolvimento maior, ou então o EIR atua como um "parceiro" e ajuda o capitalista de risco a avaliar os acordos potenciais nos quais o empresário tenha uma especialidade em particular. Um EIR também pode passar um tempo com um portfólio de uma companhia que já exista para oferecer a sua especialidade funcional. Neste caso, o EIR irá às vezes entrar na companhia como um executivo em período integral (normalmente CEO ou algum papel em nível C) se a companhia e o executivo sentirem que há algo que se encaixa para ele.

Por que não usar este modelo para estabelecer um programa residente de empreendedorismo inovador em sua companhia? Isso poderia ser um adjunto para uma competição de planejamento interno comercial. Após identificar pessoas com um potencial para o empreendedorismo na competição, você pode designá-las para o papel de empreendedor residente por um determinado período de tempo. A chave aqui é definir qual o papel que este indivíduo teria; isso tem que ser baseado em quais resultados você gostaria de atingir com este programa.

Esta abordagem é especialmente útil quando as companhias trabalham para desenvolver uma nova plataforma de atividades comerciais que consiste, no início, de muitos projetos pequenos que estejam em seus estágios iniciais. Até que você se decida sobre um papel executivo em tempo integral para um dos projetos, o empreendedor interno pode ser o consultor de vários deles.

PERGUNTAS A SE FAZER

Aqui estão questões que irão ajudá-lo a descobrir se uma pessoa tem as características específicas necessárias para ser um empreendedor interno:

- Peça aos candidatos exemplos de como eles criaram resultados enquanto indivíduos. Desta forma, você irá separar o joio do trigo para saber quantas pessoas se escondem atrás do esforço de uma equipe. Vá além, ao solicitar exemplos nos quais o candidato usou paixão e direcionamento para fazer as coisas acontecerem. Pergunte como eles superaram obstáculos organizacionais, técnicos e de mercado. Pergunte como eles tomam as decisões, mesmo quando eles sentem que não dispõem de informações suficientes.

- Faça perguntas de uma forma direta ou até provocativa, e observe o comportamento das respostas. Se o candidato entrar na defensiva ou for combativo, isso sugere que ele carece da atitude otimista que a Inovação Aberta requer. Então, busque pessoas que respondam de uma forma construtiva e que o convençam de que podem lidar com adversidades e obstáculos.

- Marc Andreesen, coautor do Mosaico e cofundador da Netscape, sugere que você pode julgar a curiosidade de alguém perguntando o quanto as pessoas estão atualizadas em suas próprias áreas. Por exemplo, ele recomenda perguntar para as pessoas quais são as dez coisas mais interessantes que estão acontecendo em seus campos de atuação. Alguém que é curioso e apaixonado por seu trabalho irá saber o que está acontecendo e terá opiniões sobre o direcionamento que as coisas têm tomado.[3]

- Observe os sinais que revelam o nível de foco no consumidor. Isso é especialmente importante para empreendedores internos, já que eles precisam ter uma mentalidade comercial e pensar nas tarefas que os usuários e clientes querem ver cumpridas. Não é o bastante dizer que o foco está no cliente. O candidato precisa colocar isso à frente de tudo e convencê-lo de que ele tem essa mentalidade. Algumas pessoas irão tentar fingir isso. Se você sentir isso, continue fazendo perguntas até que possa decidir se a pessoa está blefando ou não.

- A consultora de *design* e inovação IDEO usa um termo, "pessoas formato-S" para descrever indivíduos que são mais prováveis de ter sucesso com a inovação. Essas pessoas têm uma habilidade principal, que compreende esses aspectos – talvez elas sejam engenheiras ou *designers* industriais. Mas elas também são tão empáticas que podem abraçar outras habilidades, como estratégias de mercado, e fazê-las acontecer também. Eles têm que ser capazes de explorar *insights* de muitas perspectivas diferentes e reconhecer padrões de comportamento que adotam para trabalhos a serem feitos. Você pode identificar isso ao pedir que empreendedores internos em potencial descrevam o seu próprio formato-S.

SAINDO DESTE MUNDO DE INOVAÇÃO

Nesta entrevista, Carsten Hallund Slot, o antigo Diretor de Pesquisa e Inovação Corporativa da *Arla Foods* (www.arlafoods.com) compartilha a sua experiência e *insights* sobre como os projetos de inovação radical podem ajudar a transformar "a maneira de se fazer inovação", e mudar a mentalidade de inovação de uma companhia. Tudo tem a ver com ter uma paixão e uma crença de que a inovação pode fazer a diferença.

Há uma grande história entre a Arla Foods e a NASA. Você pode nos contar rapidamente como foi?

Carsten: O projeto era sobre expandir habilidades e ir ao extremo a fim de descrever as normalidades. Se você quiser desenvolver novos sistemas de freios para carros, pode se inspirar na Fórmula 1 ou aeronaves, mas a que vai recorrer na indústria alimentícia? A Estação Espacial Internacional acabou sendo uma ótima opção.

Só de nos atrevermos a ir até lá, estabeleceu-se um ambiente radical, que pode estimular ferramentas e soluções radicais. Isso alongou a nossa mentalidade e nossa forma de trabalho.

Considere a tarefa de criar dois novos iogurtes; um para o seu vizinho e outro para um astronauta no espaço. A diferença é enorme, e o fato de nós termos aceitado encarar esses desafios extremos fez com que déssemos o máximo de nós. Esse era o objetivo primordial do projeto NASA.

Durante o projeto, aprendemos que nós éramos muito bons em inovação incremental e no gerenciamento de projetos. Por outro lado, éramos pouco organizados e preparados para desenvolver e administrar a inovação radical. Nossas ferramentas e estruturas não sustentavam a inovação radical. Isso mudou agora.

Além de ampliar suas habilidades e mudar a mentalidade, qual o outro significado deste projeto para a Arla Foods?

Carsten: O mais importante, ele abriu nossos olhos para as oportunidades que a inovação radical traz e nos tornou cientes da importância de organizar a inovação radical. Isso é necessário se você quiser continuar competitivo e quiser ser um líder de mercado na indústria alimentícia.

O projeto também nos deu uma plataforma para repensar o modelo sobre o leite. O que acontece se o leite não for resfriado? E se a cadeia de resfriamento de leite fosse quebrada? Isso nos ajudou a criar novas oportunidades de negócios as quais estamos explorando neste minuto. Também vimos um efeito bem forte na nossa imagem e identidade entre os funcionários, assim como em nossos colaboradores externos, incluindo os clientes.

Como resultado do projeto NASA, nós criamos um novo laboratório conceitual, o Foodturum, que trabalha no desenvolvimento de negócios radicais.

Você comandou o projeto NASA. O que aprendeu neste projeto? E o que ele significou para a sua carreira?

Carstein: Eu aprendi a diferença entre a inovação radical e a incremental. Mas, mais importante que isso, eu aprendi quando e como usar e equilibrar esses dois conjuntos de ferramentas. Minhas experiências me colocaram no comando de fundar e desenvolver o Foodturum. Aqui eu aprendi como trazer o *insight* e o conhecimento do projeto NASA para o desenvolvimento de nossos esforços comerciais e assim, nos direcionar para as melhorias radicais feitas aos clientes e usuários de nossos produtos. Desta perspectiva, eu aprendi muito sobre como liderar e gerenciar empreendedores internos e uma grande organização internacional.

Você pode explicar como liderar e administrar esses esforços?

Carsten: Isso tem uma relação muito maior com liderança do que com administração; liderar, e não controlar. É por isso que tenho trabalho duro para implantar na Arla Foods aquilo que chamo de visão direcionada da inovação. Alguns tópicos primordiais incluem o desafio de como partilhar conhecimento e como trazer pessoas diferentes, com referências diferentes, para trabalharem juntas. Também aprendemos como é importante ancorar a inovação radical à nossa alta gestão. Se você for incapaz de ancorar as iniciativas radicais em um nível alto de gestão e assegurar o pleno apoio a elas, você não terá sucesso com a inovação radical.

Por que você acha que companhias dinamarquesas são excelentes em inovação e empreendedorismo interno?

Carstein: Nós temos estruturas organizacionais planas com menos hierarquia do que é comum em outros países. Isso promove e desenvolve o trabalho em equipe e o compartilhamento de conhecimento. Fora isso, nós ousamos desafiar os modelos mentais e as mentalidades ao bater de frente com as autoridades de uma forma construtiva. Também acreditamos que todas as pessoas são importantes e iguais e isso nos torna capaz de nos destacarmos na inovação e empreendedorismo.

Falando sobre problemas de inovação, o que deixa você acordado à noite?

Carstein: Paixão – eu sou dirigido pela minha paixão e por minhas crenças de que a inovação pode fazer uma grande diferença no nosso dia a dia.

Após o sucesso do Foodrutum, Carstein se tornou Diretor de Pesquisa e Inovação Corporativa da *Arla Foods*. Este é um resultado direto dos esforços da companhia para aumentar o nível de inovação como parte da estratégia geral de crescimento comercial.

CONHEÇA MICHAEL E JOHNNIE: EMPREENDEDORES INTERNOS PROFISSIONAIS

Nesta entrevista, Michael Kjaer e Johnnie Rask Jensen partilham as suas experiências como empreendedores internos e dizem o que é necessário para se tornar um.

Quais são os seus *backgrounds* e o que fazem hoje que os qualificam a serem chamados de empreendedores internos?

Michael: Eu fui o CEO da Crystal Fibre A/S de 2000 a 2008. É uma companhia de componentes ópticos baseados em uma tecnologia de ponta. A companhia pertence ao grande conglomerado industrial NKT. Eu ajudei a construir a companhia desde o começo para se tornar líder mundial no campo. Quando eu saí em 2008, ela tinha 32 funcionários, vendas anuais de U$ 5 milhões e uma rede de oportunidades comerciais bastante promissoras à sua frente.

Tenho diploma em Administração e mestrado em Ciência Comercial. No meu antigo serviço, trabalhei para a Lucent Technologies como gerente de produção e depois como diretor de vendas na Divisão de Fibras Ópticas.

Johnnie: Eu trabalhei para o grupo Danfoss durante toda a minha vida profissional, em desenvolvimento de produtos, vendas e marketing. Tenho experiência internacional já que ajudei a começar uma nova empreitada para a Danfoss, nos EUA, em uma companhia de vendas que combinava produtos de quatro divisões da Danfoss e também alguns produtos que não eram dela. Nós conseguimos fazer com que o negócio crescesse virtualmente do nada para U$ 10 milhões, em apenas três anos.

Desde 2004, eu tenho tido a oportunidade de encabeçar a Danfoss Solutions, uma empresa dentro da Danfoss. Nós somos uma companhia de serviços de energia, com a missão de fornecer em impacto no lucro líquido para os clientes, através da economia garantida dos custos de serviços públicos.

Eu acho que o que me qualifica é o meu recorde de conseguir fazer com que as coisas cresçam; ver oportunidades onde os outros veem problemas, e então organizar tudo e fazer com que haja movimento. Além disso, eu conheço centenas de pessoas na Danfoss, de todos os níveis, que me ajudam imensamente quando preciso buscar fundos, suporte ou qualquer outro elemento.

Assim como Michael, eu tenho uma formação que mistura engenharia com administração comercial.

Por que vocês escolheram se tornar empreendedores internos?

Johnnie: Eu sempre sonhei em me tornar meu próprio chefe – e ainda sonho – mas acho que após 20 anos bem-sucedidos na Danfoss, está se tornando cada vez mais difícil romper com os elos. Quando a companhia me abordou para oferecer meu atual cargo, achei que isso seria um *mix* perfeito entre minhas próprias ambições e desejos, e as metas da Danfoss.

Michael: A excitação e o desafio de assumir uma nova plataforma tecnológica e fazer dela um sucesso comercial tem sido o que mais me impulsiona. Isso também me dá oportunidades de aprendizado maiores do que minhas funções anteriores.

Vocês já tiveram alguma experiência que mudou suas vidas em seus caminhos para se tornarem empreendedores internos?

Michael: Nós sempre tentamos celebrar o nosso sucesso. Para mim, pessoalmente, obter a minha primeira ordem de compra para a Crystal Fibre e obter um acordo de licenciamento para um protocolo vital de Internet (IP), após nove meses de negociações, foram grandes experiências.

Quais as habilidades e que tipo de mentalidade um empreendedor interno deve ter?

Michael: Um empreendedor precisa ser capaz de buscar a equipe central correta para o negócio e ter boas habilidades de gerenciamento de projetos a fim de utilizar com eficiência os limitados recursos. A habilidade de entender os seus clientes e avaliá-los corretamente também é crítica. O entendimento político e a capacidade de atrair recursos também são beneficiais.

Visão, coragem e muita energia são as habilidades mais importantes a se ter. Você precisa amar o que faz e ser capaz de aceitar plenamente o risco de falhar. De outra forma, não conseguirá a energia e a persistência que são necessárias para o cargo.

Johnnie: Eu acho que isso depende de qual lugar se está no ciclo de vida da companhia. No começo, visão e direcionamento são necessários. Depois, você precisa dominar o talento da organização. Esta é uma transição enorme e muitas companhias novas não conseguem fazê-la. Acima de tudo, acredito que você precisa ser um bom vendedor (internamente e externamente) e ter uma impressionante firmeza para lidar com os altos e baixos de uma empreitada empresarial.

Quais são as coisas mais importantes que uma companhia pode fazer para desenvolver o empreendedorismo interno?

Johnnie: Permitir que as pessoas falhem. Não, encorajar as pessoas a falharem! Eu realmente acredito que, além dos empreendedores óbvios, você pode encontrar dez vezes mais pretendentes ao cargo (especialmente na Dinamarca). Eles só precisam de um pequeno empurrão ou encorajamento para tentarem. As companhias devem criar planos de carreira para os empreendedores internos.

O que é melhor em ser um empreendedor interno em comparação a ser um empresário?

Michael: Como um empreendedor interno, você pode impulsionar a força da matriz. Você consegue trazer a bordo pessoas com *know-how*, IP, especialidade legal. A matriz pode lhe fornecer um canal de distribuição ou ser um cliente de seu produto. Normalmente, ela é um investidor muito mais paciente do que uma empresa de capital de risco que lhe dá apoio. Isso é especialmente importante para empresas com base em plataformas e tecnologia de ponta como a Crystal Fibre, cuja estrada para o sucesso é longa. Ou seja, você já nasce com um parceiro comercial muito forte e que aumenta bastante as suas chances de ter sucesso.

Vocês já consideraram iniciar suas próprias empresas?

Michael: Sim, mas até agora eu não encontrei a oportunidade adequada.

Johnnie: Eu já tive (e ainda tenho) muitas ideias para companhias, mas tenho sido bem-sucedido naquilo que venho fazendo, então meu desejo de ter um negócio próprio tem diminuído.

TAREFAS-CHAVE DO CAPÍTULO

- Quando se trata de fazer a inovação seja de que tipo for, as pessoas importam mais que as ideias.
- As pessoas precisam de dois tipos de pessoas para as iniciativas de inovação:
  › *Líderes inovadores* que foquem na estratégia e no trabalho tático de construir a plataforma interna necessária, para desenvolver capacidades organizacionais de inovação;
  › *Empreendedores internos* que trabalhem dentro da plataforma criada pelos líderes inovadores, para transformar ideais e pesquisa em produtos e serviços reais que levem o negócio para frente.
- Quando for identificar pessoas que serão líderes inovadores e empreendedores internos excepcionais, procure por gente otimista, que tenha paixão e direção, que seja curiosa e acredite na mudança. Também busque pessoas que tenham talento para trabalhar com redes, boas habilidades de comunicação e capacidade de lidar com incertezas. Para os líderes, busque pessoas que sejam capazes de ver o quadro geral.
- Para encontrar essas pessoas, faça prospectos de perguntas que revelarão:
  › O quanto a pessoa está atualizada em seu campo de atuação.
  › Como ela supera os obstáculos para fazer com que as coisas aconteçam.
  › Se ela é aberta ou defensiva e combativa.
  › O quanto seu pensamento é direcionado ao cliente.
  › Se ela é capaz de formar suas habilidades básicas nas quais a perspectiva de inovação será amplamente assentada.

NOTAS

1. O' CONNOR, Gina Colarelli. Research Report: Sustaining Breakthrough Innovation. Research – Technology Management, 52, no 3, 2009, p.12-14.

2. CROSS, Rob; THOMAS, Robert J.; LIGHT, David A. Research Report: High Performer Networks – How Top Talent Uses networks and Where Rising Stars Get Trapped. Disponível em: http://www.robcross.org/pdf/roundtable/high_performer_networks_and_traps.pdf.

3. ANDREESEN, Marc. Como Contratar as Melhores Pessoas com Quem Você já Trabalhou. Disponível em: http://blog.pmarca.com/2007/06/how_to_hire_the.html.

Capítulo **6**
A CULTURA CONECTADA DA INOVAÇÃO

UM COMPONENTE ESSENCIAL para uma forte cultura de inovação é uma forte cultura de rede. Para ter sucesso em um ambiente de inovação que se torne cada vez mais aberto e orientado externamente, as pessoas precisar ser capazes de construir e sustentar relacionamentos internos e externos, por toda a organização.

Infelizmente, isso é uma área negligenciada para ambos, executivos e líderes inovadores. Eu me recordo de conversar com um executivo de uma grande companhia, após ter me encontrado com muitas pessoas da área de inovação de sua organização. Eu perguntei quais eram as intenções dele em relação a criar uma cultura de rede melhor. Ele não tinha quaisquer planos. Nós discutimos os benefícios de uma análise organizacional de rede que poderia ajudar a identificar as pessoas que detinham um conhecimento importante, assim como as pessoas que eram apenas falatório. Ele percebeu a relevância. Falamos sobre a importância de bons relacionamentos para levar a companhia adiante e ele concordou.

Contudo, quando eu perguntei o que nós faríamos quanto à cultura de rede, recebi a mesma resposta. Que ele não faria nada. Por quê? "Coisas assim cuidam de si mesmas", ele disse.

Ele não poderia estar mais errado. Uma cultura de inovação não cria a si própria, e o mesmo vale para uma cultura de rede. Isso requer uma abordagem de cima para baixo, com os líderes inovadores e os executivos bolando a estratégia, estabelecendo as metas e fornecendo os meios e as ferramentas para as iniciativas de rede. Em somatória, eles encontram maneiras de tirar o próprio corpo fora do jogo e assim convencer os funcionários que estão falando sério.

POR QUE UMA CULTURA CONECTADA É IMPORTANTE

O ímpeto para se criar uma cultura de rede é óbvio, uma vez que você dê uma olhada no direcionamento atual e no futuro da inovação. Vamos começar dispensando o mito do gênio solitário – os Thomas Edisons e Alexander Bells de antigamente – chegando a um rompante inovador por conta própria. Este modelo não era verdade naquela época, e mesmo se fosse, ele simplesmente não se sustenta no complexo mundo das organizações comerciais de hoje. A tecnologia e os desafios que precisam ser resolvidos se tornaram tão complexos que muitas – talvez até a maioria – das companhias não podem mais confiar somente em seus próprios gênios de inovação interna, independente de quanto essas pessoas possam ser brilhantes.

A inovação tem cada vez mais a ver com juntar grupos de pessoas para impulsionar os seus talentos e especialidades diversas, resolvendo desafios multifacetados que atravessam diversas disciplinas. Fazer com que isso aconteça dentro de sua organização – e além dela, quando você for em direção à Inovação Aberta – requer uma cultura de rede que seja projetada, apoiada e modelada pelos líderes da companhia.

Até mesmo organizações que não estejam totalmente prontas para adotar a Inovação Aberta estão descobrindo que as mentalidades de seus funcionários em relação a redes precisam ser ampliadas, para que mais companhias distribuam funções de P & D para fora dos quartéis-generais e em direção ao mundo.

Os funcionários começam a se perguntar quem deveria fazer a inovação e onde ela deveria ocorrer. Apesar de isso ser algo positivo, o sucesso nessas situações depende amplamente da habilidade que os empregados têm de iniciar, solidificar e impulsionar os relacionamentos externos.

Outro motivo importante para estabelecer iniciativas de rede é o simples fato de que o conhecimento da companhia está dentro da cabeça de seus funcionários. Descobrir e distribuir esse conhecimento sempre foi um desafio e agora, mais do que nunca, a habilidade de impulsionar a experiência e o conhecimento coletivo da companhia, através de comunidades e redes virtuais e presenciais, é crítica para a inovação.

Além disso, estabelecer a habilidade de trazer o conhecimento e novos *insights* de inovação em potencial, a partir de fontes externas, demanda uma cultura apoiada e modelada de cima para baixo.

COM O QUE SE PARECE UMA CULTURA CONECTADA

Então, com o que se parece uma cultura conectada? É um conceito tão novo que não existem muitos exemplos disponíveis para ilustrá-lo, mas existem alguns componentes importantes para compor uma boa cultura de rede:

A CULTURA CONECTADA DA INOVAÇÃO

- Executivos e líderes inovadores sublinham razões estratégicas claras sobre os motivos pelos quais é preciso desenvolver e nutrir relacionamentos externos e internos. Isso inclui deixar claro como a cultura de rede da companhia se liga e apóia a estratégia de inovação (a qual, é claro, é uma consequência natural da estratégia corporativa geral).
- Dentre as coisas a se considerar ao desenvolver uma estratégia para a cultura de rede encontramos quais tipos de rede de trabalho você espera construir para apoiar os seus esforços de inovação. Se a sua organização estiver se movendo em direção à Inovação Aberta, as possibilidades podem incluir redes entre pares para as pessoas que estiverem trabalhando com inovação em companhias diferentes, redes de cadeia de fornecimento e valor, redes administrativas, e eventos e fóruns que conectem pessoas que resolvam problemas e ainda os inovadores com a sua companhia.
- Os líderes mostram um comprometimento genuíno e altamente visível para com a rede.
- Os líderes precisam agir e não só falar. Ao se tornarem disponíveis em eventos de rede e ao serem usuários visíveis das ferramentas de rede, eles modelam o comportamento desejado e motivam os outros a participarem. Afinal, quem não quer a chance de trocar ideias com o chefe?
- Os líderes também devem partilhar exemplos de suas experiências com a rede, sempre que possível; espalhar a palavra sobre o sucesso de sua própria rede e de outros também. Escutar os líderes falando repetidamente sobre como a rede está ajudando a organização em seus esforços de inovação irá reforçar a mensagem de que ela é algo importante.
- As iniciativas de rede acompanham de perto a sua cultura corporativa. Isso não é algo do tipo "tamanho único"; cada esforço de rede será diferente, de companhia para companhia. Você pode pegar peças, conceitos e teorias, conhecimento e experiência com os outros, mas ainda precisará fazer com que tudo isso funcione para sua companhia.
- As pessoas disponibilizam tempo e meios para trabalhar com a rede. Frequentemente, oportunidades são fornecidas para ajudar os indivíduos a lapidarem as suas habilidades de rede pessoais. Nem todos sabem como trabalhar com redes. Mas quase todo mundo fica bom nisso, com o treinamento e incentivo adequados.
- A rede virtual e a presencial são encorajadas e apoiadas. As ferramentas da Web 2.0 e eventos facilitadores de rede maximizam as oportunidades que as pessoas têm para iniciar e construir relacionamentos fortes.

TRÊS TIPOS DE REDES

Quando você determina como estabelecer uma cultura de rede de relacionamento dentro de sua organização, é importante entender como a rede funciona efetivamente. Uma das pessoas mais entendidas em redes organizacionais – e como elas apóiam a inovação – é Rob Cross, um professor associado do departamento administrativo da Escola de Comércio McIntire, da Universidade de Virgínia. Ele também é um dos fundadores da The Network Roundtable. Eu aprendi muito com minhas visitas e interações com Rob, e recomendo que você dê uma olhada em seu website www.robcross.com.

Rob identificou três tipos de relacionamentos que você deve estar atento dentro de sua organização. Eles são:

- Conectores centrais;
- Intermediários;
- Pessoas da periferia.

Os conectores centrais são aquelas pessoas que têm o maior número de conexões diretas. Eles podem ser líderes formais – ou articuladores políticos tentando ser líderes – os quais todo mundo busca, pelo fato de que fazem com que as coisas aconteçam ou porque conseguiram vender a própria imagem. O segundo caso pode se tornar com frequência um grande problema no que tange à inovação, onde você precisa de um fluxo dinâmico. Os especialistas também são um tipo de conectores centrais que às vezes são usados em demasia quando todos recorrem a eles para responderem suas dúvidas. Frequentemente, os especialistas precisam ser protegidos.

Os intermediários são funcionários medianos que conectam as pessoas além das fronteiras, como por exemplo, funções, habilidades, geografia, hierarquia, etnia e gênero. Essas pessoas têm a habilidade de impulsionar e direcionar a mudança, difundir ou inovar, e elas também podem atuar em papéis de comunicação ou de processos cruzados.

De acordo com Cross, os intermediários geralmente estão em posições-chave e, portanto, divulgam a informação mais rapidamente do que os líderes e conectores centrais. Mesmo em um grupo pequeno, eles são os meios mais eficientes para espalhar a informação. Os intermediários têm uma grande credibilidade e reconhecimento de suas habilidades aos olhos de seus pares. É muito mais provável que eles sejam procurados e ouvidos do que um especialista ou um líder designado, que não tenha influência sobre a rede. Os influenciadores fazem a ponte entre perspectivas diversas e entendem as normas culturais e as práticas de diferentes grupos, de uma maneira que aqueles que estão confortáveis e familiarizados com seu próprio grupo não conseguem.

As pessoas da periferia podem ser os novatos, especialistas, pessoal de vendas, gente que tenha um desempenho fraco ou gente que tem dificuldade em se relacionar. Elas ficam na margem da rede, e Cross aprendeu que geralmente de 30% a 40% dessa categoria gostaria de ser mais bem conectada, mas encontrou obstáculos ao longo do caminho. Elas são um recurso de especialidade ainda não aproveitada, mas representam também riscos substanciais. As pessoas da periferia têm uma necessidade especial de serem orientadas sobre como a rede funciona; elas precisarão de mais estímulos do que outras para fazerem parte do esforço.

Conhecer esses tipos diferentes de pessoas vai prepará-lo para fazer perguntas sobre que tipos de redes de relacionamento você tem dentro de sua organização e quais abordagens funcionariam melhor. Por exemplo, se a sua companhia tiver muitas pessoas periféricas, você precisa destinar mais tempo às habilidades para um treinamento de rede. Também, como líder, pense em como você pode trabalhar melhor com os diferentes tipos para conseguir obter o máximo de cada um deles.

FERRAMENTAS VIRTUAIS

Muitas pessoas veem as redes de relacionamentos como *algo legal a se fazer*, em oposição a *uma tarefa a ser feita*, e a pressão diária dos negócios geralmente faz com que as redes vão parar no fim da lista de afazeres. Então, não dá para você assumir que a rede de relacionamentos irá ocorrer por conta própria. Você precisa criar mecanismos dentro de seu local de trabalho que incentivem as pessoas a interagirem com a rede regularmente, tanto a externa, quanto a interna. E como mencionado antes, será preciso que você use uma variedade de ferramentas virtuais e também de oportunidades ao vivo.

Vamos falar sobre as ferramentas virtuais primeiro. Os aplicativos da Web 2.0 têm tornado possível para as companhias de todos os tamanhos capacitarem seus funcionários, seja de qual nível forem, de participarem de atividades que ajudem a construir e nutrir uma rede mais forte de contatos por toda a organização. Essas ferramentas, que são rápidas, fáceis e baratas, incluem:

- Blogs
- *Information tagging*
- *Microblogging* (como o Twitter)
- Redes Sociais
- *Wikis*
- *Podcasts*

As companhias relataram benefícios em capacitar seus funcionários para interagir em redes fechadas, usando tecnologia para mensagens de texto que limita os usuários a apenas algumas palavras por *post*. Os benefícios incluem facilitar a conexão dos funcionários uns com os outros, melhorar o fluxo de informação relevante pelos departamentos, e construir pontes por entre lacunas que haviam em locações espalhadas pelo mundo.[1] Mesmo com o limite de 140 caracteres do Twitter, as pessoas podem aprender mais umas sobre as outras em nível pessoal e profissional, o que leva a laços mais fortes e uma disposição maior para trocar informações e colaborar.

A firma de consultoria McKinsey & Company tem seguido o rastro da adoção crescente dessas tecnologias dentro das corporações, nos últimos anos. O estudo que eles fizeram das companhias que usaram tecnologias da Web 2.0 internamente revelou que somente fornecer essas ferramentas não é o suficiente. As companhias precisam fazer o trabalho pesado que envolva assegurar a disseminação da participação que irá fazer dessas ferramentas um sucesso. Para maximizar as suas chances de sucesso com essas ferramentas, McKinsey recomenda:[2]

- Dar um suporte visível dos líderes.
- Permitir que os funcionários determinem o melhor uso para uma ferramenta virtual, em vez de ditar como isso deve ser feito.
- Fornecer um reconhecimento altamente visível para as pessoas que usarem as ferramentas de maneira notável.
- Encontrar maneiras de reduzir os temores que os líderes e os gerentes têm sobre a forma como essas ferramentas serão usadas. Elas podem trazer à tona as discórdias que existam dentro da organização. É uma política sábia banir postagens anônimas em blogs ou redes sociais e de ter uma auditoria em funcionamento para identificar postagens inapropriadas.

FERRAMENTAS DA WEB EM AÇÃO

Os aplicativos da Web 2.0 podem melhorar tremendamente o fluxo de conhecimento dentro de sua organização, incluindo informação relacionada à inovação. Eis aqui um exemplo:

Uma companhia global com a qual me envolvi queria superar o problema dos funcionários "garganta" em seu processo de inovação. A organização recebia muitas ideias, de várias partes, mas não tinha uma maneira de priorizá-las e direcioná-las para as pessoas que poderiam trabalhar nelas. Através de um provedor externo, a companhia utilizou uma tecnologia da Web 2.0 para fazer uma troca de ideias envolvendo todos os diferentes departamentos. Assim, foi capaz de gerar as ideias, filtrá-las, e criar uma pequena lista das mais importantes.

Um resultado igualmente importante foi que as pessoas, por toda a organização, puderam trabalhar juntas em suas ideias e trocar informações com facilidade. Isso levou a relacionamentos mais fortes e uma partilha contínua de informações, mesmo após a troca de ideias ter terminado.

REDE DE RELACIONAMENTOS CARA A CARA

Alguns anos atrás, eu ajudei uma grande companhia na intersecção de inovação e redes de relacionamentos. O que nós aprendemos com nosso trabalho fornece um importante direcionamento sobre como organizar as oportunidades que as rede presenciais oferecem.

Este projeto tocou em assuntos como:

- Criar uma plataforma onde os empregados poderiam partilhar ideias e construí-las juntos.
- Ajudar os funcionários a entender o valor dos relacionamentos e desenvolver ferramentas que poderiam ajudar a desenvolver as suas habilidades de rede.
- Ampliar a força de relacionamentos internos entre funcionários e, então, desenvolver laços externos mais fortes.

Nós tivemos várias sessões curtas e informais, nas quais discutimos como a inovação e o empresariado poderiam desabrochar mais. Ao invés de apresentações em *Power Point*, as sessões eram mais como entrevistas com palestrantes e grupos de discussões. Através deste trabalho, eu cheguei a cinco tópicos a se considerar, quando você quer criar um mercado interno de ideias:

1. Curta duração, alta frequência. Tenha sessões curtas e frequentes sobre assuntos relevantes. Hoje em dia, o tempo é crítico nos negócios e você deve dar às pessoas o máximo de chances possíveis para se conectarem entre si, gastando o mínimo de tempo que puderem. Considere o almoço e sessões de aprendizado; todos têm que comer, então por que não fazer isso ao mesmo tempo em que se interage com os outros?

2. Transforme as sessões em plataformas de ideias: Não há carência de pessoas com ideias. Mas há uma carência de pessoas que se sobressaiam ao trazerem ideias próprias. Você pode transformar essas sessões em uma plataforma – uma ferramenta para receber, partilhar e desenvolver ideias. Essas plataformas estão ausentes em muitas companhias. Para torná-las o mais eficiente possível:

- Use quadros – físicos e virtuais – nos quais os funcionários podem explicar brevemente as suas ideias e entrar em contato com os outros.
- Use facilitadores (funcionários bem conectados) que possam ajudar os colegas menos conectados a entrar em contato com os demais.
- Use abordagens rápidas. Dê para os funcionários três minutos para explicarem as suas ideias e necessidades. A resposta de muitos pares irá fornecer um forte indicador para verificar se as ideias devem ser levadas adiante ou não.

Muitas companhias dizem ter plataformas para o recebimento de ideias. Às vezes a plataforma não passa de uma caixa de correio. Tudo bem, contanto que você evite o pior erro – não dar continuidade e não haver nenhuma comunicação em andamento com aqueles que submeteram suas ideias.

3. Ajude os gerentes a ver o quadro completo: Os gerentes terão duas preocupações maiores sobre o mercado interno de ideias. Como nós controlamos a quantidade de tempo que os funcionários gastam, e como sabemos se está valendo à pena? Como as plataformas de ideias afetam o nosso portfólio atual? São justas as preocupações, mas na realidade essas coisas não costumam ser tão problemáticas. Pessoas que atuam em projetos nos quais elas são dirigidas pela paixão encontrarão tempo para trabalhar neles. O trabalho diário não irá sofrer muito, tornando mais fácil para que os gerentes lhes deem uma chance nesses casos.

Um projeto de geração de ideias deve ser monitorado e gerenciado para garantir que ele se enquadre na estratégia geral do portfólio. Mantenha o mecanismo de relatórios o mais solto possível. Os gerentes devem focar não apenas nas ideias, mas também na identificação das pessoas que podem direcionar as oportunidades para frente. Se você criar um fórum onde as pessoas possam se manifestar livremente, encontrará inovadores que não sabia que existiam.

4. Tome decisões mais rápido: É claro, os funcionários devem usar o mercado para trocar *feedback*. Mas você também pode desenvolver uma ferramenta para tomar decisões para as ideias. Vamos chamar isso de *Fechar a Tampa*. Imagine uma sessão aberta na qual as equipes apresentem as suas ideias para os diretores seniores que têm a autoridade para tomar decisões sim/não no momento.

Uma decisão "sim" deve resultar nos recursos necessários (tempo para trabalhar na ideia, acesso a outras partes da organização e suporte financeiro) para determinar se o projeto é válido. Se uma decisão "não" for tomada, a ideia precisa ser eliminada eficientemente – ou incorporada a outras ideias promissoras. Esta é uma grande oportunidade para deixar que os facilitadores do mercado construam a sua visão geral e as habilidades de rede.

5. Misture o virtual e o real usando projetos de sites no estilo *wiki*: Esse tipo de site pode ser estabelecido para o compartilhamento de conhecimento, cocriação e objetivos de aprendizado. Eles também podem incluir um mecanismo de voto de confiança, permitindo a todos verem o quanto a organização acredita naquela ideia em especial. A transparência e a colaboração desses sites irão ajudar os diretores seniores a se prepararem para a sua aparição no *Fechar a Tampa*.

Em um mercado de inovação, os projetos serão formados através de grupos fechados organizacionais, e ao trabalhar em projetos reais – apesar de ser em um estágio inicial – os funcionários realmente começam a se conhecer. Esses relacionamentos serão valiosos, ainda que muitos projetos venham a falhar. Além disso, imagine o que poderia ser feito se você envolvesse parceiros externos em atividades como essas. Sim, haverá dificuldades em lidar com isso, mas as recompensas podem valer à pena.

OBSTÁCULOS POTENCIAIS

Ao trabalhar com companhias que estão tentando construir uma cultura de redes de relacionamentos, identifiquei algumas razões pelas quais os esforços podem falhar ou não atingir o grau de sucesso esperado:

- Falta de tempo e habilidade: Muitos de nós, simplesmente, não tem tempo e habilidade para trabalhar na rede e construir relacionamentos. É necessário desenvolver uma estratégia e iniciar os projetos, mas os executivos e você, enquanto um líder inovador, também precisam dar ao seu pessoal tempo para adquirir as habilidades junto à rede e também para investir no início e na manutenção dos relacionamentos internos e externos.

- Falta de foco: Uma comunidade ou uma rede só irá funcionar se ela conectar pessoas que partilhem de uma experiência em comum, uma paixão, interesse, afiliação ou meta. O seu pessoal precisa ter meios para encontrar e juntar os grupos que sejam os adequados para si e para sua companhia. Em outras palavras, você e aqueles a quem lidera só devem trabalhar na rede quando houver bons motivos para fazê-lo. Um relacionamento aleatório raramente resulta em algo além de perda de tempo, desvaloriza a rede na mente das pessoas e torna mais difícil encorajá-las a tentarem novamente.

- "Nós somos velhos demais": Muitas pessoas acima dos 28 anos simplesmente não enxergam o valor das ferramentas da Web 2.0 como o Facebook, o LinkedIn e o Twitter. Realmente, temos um abismo de gerações aqui. Nós, os mais velhos e mais sábios, ainda estamos no comando, mas isso começará a mudar em cinco anos, assim que chegarem os primeiros líderes da geração Facebook. Daqui a dez anos, eles definirão as regras. Por que não tentar descobrir como isso funciona agora, ao invés de ficar esperando?

Algumas organizações já seguiram essa direção. Por exemplo, os funcionários da varejista BestBuy têm, em sua maioria, de 16 a 24 anos. Recentemente, seis jovens trabalhadores, especialistas em tecnologia, se juntaram a três fomentadores profissionais, para criar colaboração *online* dentro das operações da BestBuy. A equipe, rapidamente e a um custo muito baixo, criou uma *wiki* que permite aos funcionários da companhia contribuir com *insights* sobre os competidores e tendência populares, todos ótimos grãos para os esforços da inovação.

Há evidências de que as gerações mais velhas estão se adaptando ao mundo da Web 2.0 muito velozmente. Por exemplo, em julho de 2009, a demografia dos usuários do Facebook mostrou que o maior bloco de usuários, 28,2% do total, estava na faixa etária dos 35 – 54 anos. Durante os seis meses anteriores, os usuários que tinham 55 anos ou mais haviam crescido de apenas 950.000 para 5.9 milhões.[3] Pessoalmente, eu acho o LinkedIn extremamente eficiente para a construção de redes virtuais globais, de pessoas que estejam interessadas nos assuntos com os quais lido em meu trabalho. Eu consegui me conectar com centenas de pessoas que partilharam seus *insights* comigo sobre os desafios de liderar a inovação. O LinkedIn também pode ser usado para construir um grupo que inclua somente pessoas de dentro da sua companhia, então é uma ferramenta rápida e eficiente para encorajar o uso de redes para temas de inovação em sua organização.

- Falta de comprometimento e estrutura: A atitude "as redes tomarão conta de si próprias e você não precisa trabalhar nisso" não é uma abordagem para se tomar em relação a algo que é uma habilidade de inovação central. Formar uma cultura de rede requer comprometimento e estrutura para apoiá-la.

Ao estudar redes em diversas organizações, Rob Cross e seus colegas identificaram três outros problemas comuns[4] que impedem o uso de redes e a colaboração em companhias grandes e pequenas:

1. Falta de comunicação: A estrutura de sua companhia mantém as pessoas que poderiam se agrupar para a inovação, separadas ? O problema pode estar relacionado à logística, geografia ou burocracia. Identifique as causas de tais impedimentos e crie sistemas que possam ajudar as pessoas a trabalhar em torno delas. Elimine os grupos fechados e encoraje cruzamento funcional de redes e colaboração.

2. Péssimos guardiões: Alguns especialistas dominam a informação de sua companhia e a tomada de decisão sobre as redes? Esses guardiões são bons juízes de novas ideias ou a especialidade deles em uma área os cega para o potencial de novos conceitos, em outras áreas? Estabeleça *wikis* e ferramentas similares para encorajar o compartilhamento de informações e garantir que uma pessoa ou um grupo não estrangule toda a informação.

3. Horizontes estreitos: Se você externou a informação para reduzir o tempo de desenvolvimento e os custos, você construiu uma rede forte com linhas formais de comunicação, garantindo assim, que estivesse sempre por dentro do que está acontecendo com seu parceiro externo? Não confie apenas em conexões informais entre os funcionários das companhias; isso pode levar à frustração e surpresas desagradáveis. Torna-se igualmente importante evitar que os horizontes se estreitem quando você vai em direção da Inovação Aberta. Ter sistemas posicionados que encorajem as pessoas a construir fortes relacionamentos com parceiros externos é essencial em um ambiente de Inovação Aberta.

TAREFAS-CHAVE DO CAPÍTULO

- Uma cultura de rede é uma parte crítica de uma cultura de inovação que aspire tornar-se mais e mais aberta e orientada externamente. Sua companhia precisa ter estratégias posicionadas para construir a especialidade no trabalho, com redes dentro de sua organização.
- Mesmo que você não esteja usando um modelo de Inovação Aberta, os funcionários que estejam operando em uma comunidade global precisam saber como trabalhar em rede com pessoas que estejam em localidades distantes.
- Uma cultura conectada tem:
  - › Uma declaração clara das razões estratégicas que as pessoas precisam para desenvolver e nutrir relacionamentos internos e externos;
  - › Comprometimento da liderança com a rede;
  - › Iniciativas de rede que acompanham de perto a cultura corporativa;
  - › Oportunidades frequentes para encontros virtuais e presenciais para que as pessoas aperfeiçoem as suas habilidades de conexão.
- Preste atenção a esses três tipos de conexões em sua organização: conectores centrais, intermediários e pessoas da periferia.
- Distribua aplicativos da Web 2.0 para facilitar as conexões externas e internas.
- Maximize os efeitos da conexão presencial ao:
  - › Dar ênfase à curta duração e à alta frequência.
  - › Transformar as sessões em plataformas de ideias.
  - › Ajudar os gerentes a ver o quadro completo, para que eles não causem bloqueios pelo fato de estarem preocupados com seus funcionários, que ao se conectarem podem estar tirando tempo do trabalho real.
  - › Tomar decisões rápidas sobre ideias que foram enviadas através do mercado de ideias.
  - › Usar projetos de sites no estilo *wiki* para misturar o real e o virtual.
- Evite estes obstáculos para a construção de uma cultura conectada:
  - › Falta de tempo e habilidade.
  - › Falta de foco, comprometimento e comunicação.
  - › Péssimos guardiões.
  - › Horizontes estreitos.

NOTAS

1. CROSS, Rob et al. Together We Innovate. *Wall Street Journal*, 15 set. 2007.

2. CHUI, Michiae; MILLER, Andy; ROBERTS, Roger. Six Ways to Make Web 2.0 Work. *McKinsey Quarterly*, fev. 2009.

3. SCHROEDER, Stan. Facebook Users Are Getting Older. Much Older. Disponível em: http://mashable.com/2009/07/07/facebook-users-older. Acesso em: 7 jul. 2009.

4. CROSS, Rob et al. Together We Innovate. *Wall Street Journal*, 15 set. 2007.

Parte 2
OBSTÁCULOS

TODAS AS FORMAS DE INOVAÇÃO, incluindo a Inovação Aberta, são cheias de perigos. Muitos dos obstáculos que você encontrará têm a ver com assuntos relacionados às pessoas. Infelizmente, em diversas companhias, quando esses problemas surgem, a resposta é assumir que há algo errado com o processo que está sendo usado. Então o antigo processo é jogado fora e um novo processo é trazido, sem que o problema em si sequer tivesse sido resolvido. Isso cria um ambiente do tipo "processo do mês", no qual as pessoas ficam bastante cansadas de escutarem que devem tentar mais uma nova maneira de instrumentar a informação.

Nesta sessão, nos focamos no aspecto pessoal ao discutirmos como os executivos seniores e o que eu chamo de anticorpos corporativos podem se colocar no caminho da inovação. Eu também darei algumas ideias sobre maneiras proativas para contornar esses obstáculos. O último capítulo desta parte lida com inovação radical, e estou certo de que ele será instigante para alguns de vocês.

Capítulo **7**
POR QUE EXECUTIVOS DE PONTA NÃO ENTENDEM A INOVAÇÃO, MUITO MENOS A INOVAÇÃO ABERTA – E O QUE FAZER A RESPEITO

MUITOS LÍDERES INOVADORES batalham para obter o suporte que eles precisam dos executivos que estão acima deles na organização. Os executivos de ponta podem ser habilidosos ao falar sobre a inovação, especialmente em público, mas com frequência eles falham em fazer o processo acontecer quando se trata de tomar decisões-chave que determinem se um projeto de inovação acontecerá ou morrerá na praia.

Isso pode parecer paradoxal, porque todo mundo sabe que inovação, e cada vez mais a Inovação Aberta, é o que dirige os negócios no século XXI, certo? Bem, mais ou menos. Apesar dos líderes corporativos aceitarem intelectualmente a necessidade de inovar e alardeiem o seu comprometimento com a inovação em todas as oportunidades que têm, eles geralmente falham em entendê-la de verdade. Como resultado, tornam-se grandes obstáculos em seu caminho para obterem sucesso como um líder inovador.

Em 2007, o Centro de Liderança Criativa procurou identificar tendências de liderança ao examinar 247 executivos e líderes seniores que tinham mais de 15 anos de experiência gerencial e já tinham comandado mais de 500 pessoas. 50% desses líderes acreditavam que a sua organização era *top* de linha em inovação.[1] Ou eles não quiseram admitir o oposto, ou o padrão deles de *top* de linha (que costuma ser definido pelas 5% ou 10% melhores) é muito baixo. Minha estimativa, baseada na experiência com organizações em todo o mundo, é que menos de 10% das companhias de classe mundial são inovadoras.

Ainda assim, mesmo que nós aceitemos os 50% como estando corretos, isso deixa muito espaço para melhorar. Então, você não diria que esses líderes deveriam perseguir toda possibilidade para melhorar as capacidades de inovação da sua organização? Infelizmente, a resposta para a próxima questão mostra que esse não é o caso. Quando perguntado o que eles estavam fazendo para promover a inovação em suas organizações, o percentual dos respondentes dizendo que suas companhias estavam tentando diversas estratégias foi surpreendentemente baixo.

Por exemplo, a estratégia mais popular que adota projetos de inovação visíveis, foi citada por apenas 25% dos respondentes como algo que sua companhia estivesse fazendo. Somente 17% disseram focar em talento e no desenvolvimento de talento, a segunda categoria mais usada; e apenas 13% disseram ter programas de recompensa e reconhecimento para apoiar a inovação.

Eu sustento que essas respostas mostram que CEOs estão, na verdade, fazendo surpreendentemente muito pouco para construir culturas de inovação em suas companhias. Caso estivessem, certamente mais do que 10% deles diriam estar procurando práticas melhores em sua indústria para conquistar a inovação.[2] Talvez seja por isso que apenas por volta de 25% dos membros de meus grupos de relacionamentos dizem que o seu CEO tem a mentalidade e o entendimento certos para apoiar os esforços de inovação da companhia.

OS PORQUÊS

Aqui vão alguns motivos porque eu acredito que os CEOs e outros executivos do nível-C, com frequência, não dão apoio à inovação, ainda que a atmosfera comercial de hoje exija que a inovação, incluindo a variedade aberta, seja uma capacidade central:

- A demanda por ganhos em curto prazo quase sempre vence.

  Executivos de ponta, em companhias públicas, estão sob uma pressão enorme para produzir resultados financeiros sólidos a cada quadrimestre. Esta é a área na qual eles são recompensados pela produção de resultados, e a segurança de seus empregos depende mais e mais disso, conforme mostra um estudo anual conduzido por Booz Allen, de 1995 até 2006. Ao rastrear as taxas de volume de negócios atingidas por CEOs, em 2.500 das maiores companhias públicas do mundo, que têm seus títulos negociados, Booz Allen descobriu que o volume de negócios anual do CEO cresceu em 50% durante aquele período, o que significa que os CEOs geralmente estão em um grande perigo. Tão interessante quanto essa constatação, percebeu-se que um CEO que estivesse abaixo da média de retorno dos investidores continuava no escritório, tanto tempo quanto aqueles que mostravam altos desempenhos em 1995. Mas em 2006, um CEO que estivesse acima da média de retorno tinha uma chance quase duas vezes maior de permanecer no cargo por mais sete anos.[3]

Simplesmente não há espaço nesta equação para que os CEOs arrisquem seu pescoço e apóiem investimentos em esforços de inovação que não irão produzir resultados em um futuro breve, ou até mesmo que poderão produzir um impacto negativo por certo período de tempo. Assim, nos encontramos em um mundo no qual as companhias colocam um foco muito grande na inovação incremental. Em um mundo perfeito, os quadros de diretores exigiriam que os investimentos em inovação fossem feitos em uma regra de 80% de inovação incremental e 20% de inovação radical, para assegurar a saúde da organização em longo prazo. Mas poucas organizações têm métricas para mensurar a inovação, e os quadros não pagam executivos com base em projetos de inovação. Valores dinâmicos como empresariado, criatividade e assumir riscos não podem ser medidos, isso para não citar o tempo desprendido. Tudo leva a uma ênfase exagerada na inovação incremental.

Os líderes atuais assumem uma posição superior a todos que os cercam por serem capazes de produzir dentro das métricas financeiras estáticas que são tão amadas em Wall Street. Geralmente, somente quando uma crise arrebenta e a companhia se vê em apuros – e é incapaz de ir ao encontro daquelas métricas financeiras – é que muitos quadros de diretores começam a exigir inovações, as quais, é claro, não podem ser arquitetadas da noite para o dia.

Tendo trabalhado com diversas grandes companhias que ainda são controladas por seus fundadores, eu diria que a exceção para isso tende a ser tais empresas. Elas são menos suscetíveis a esses problemas porque os fundadores costumam estar profundamente comprometidos em garantir a sua lucratividade em longo prazo dentro de suas organizações, e não apenas fazer os números previstos no quadrimestre.

- Eles carecem de uma educação de inovação.

Muitos dos atuais executivos de ponta receberam a sua educação comercial antes que a inovação fosse uma parte significativa do currículo de muitos programas de MBA. Eles poderiam compensar isso com experiência, mas muitos também não foram treinados em seus empregos, porque o treinamento de inovação geralmente desce a pirâmide de uma organização, ao invés de subir. E quando ganharam a maior parte de sua experiência, a inovação era ainda menos considerada do que hoje. Eles foram treinados para resolver problemas, não para serem inovadores.

Do começo até o meio da década de 1990, um grande progresso na educação de inovação aconteceu quando líderes reflexivos como Clayton Christensen, Gary Hamel, C. K. Prahalad, e outros começaram a dirigir sua atenção a ela. Foi aí que as principais escolas comerciais começaram a dar prioridade para a inovação em seus programas de MBA. As pessoas educadas nesses programas estão agora chegando a um nível executivo de ponta. Eu espero que isso nos dê líderes que entendam melhor como desenvolver a estratégia de inovação e se atenham a ela – nos tempos bons e nos difíceis.

Um sinal positivo de mudanças é que os líderes inovadores que se transferem para novas companhias começaram a atingir o nível top. Eu sei de vários líderes inovadores que chegaram a um nível top quando foram transferidos para companhias que precisavam de uma estratégia de inovação. Eles começaram como líderes inovadores, mas foram rapidamente promovidos a CEO quando a nova companhia percebeu o potencial de suas habilidades e mentalidade.

- Executivos de ponta têm aversão ao risco.

A inovação, especialmente a inovação aberta, é assustadora, em muitos aspectos. As pessoas que chegaram ao topo de suas organizações por causa de seu conhecimento do negócio não estão tão interessadas em considerar um novo modelo de negócios ou ir atrás de uma maravilhosa, porém arriscada, inovação arrebatadora, quando ela pode significar que a especialidade deles no negócio possa se tornar obsoleta. E quem quer arriscar ver um esforço majoritário de inovação naufragar sob seu comando?

As pessoas que entendem verdadeiramente a inovação abraçam a falha como sendo uma parte inerente à inovação. Eles percebem que com frequência grandes lições que levam ao sucesso vêm das maiores falhas. Uma atitude que não abra espaço para o erro é contrária a uma cultura de inovação, mas ainda assim, esta é a atitude que muitos líderes possuem.

- Executivos de ponta são malucos controladores.

Uma inovação bem feita precisa das pessoas certas e do processo certo. Se não houver um processo posicionado, isso pode levar à confusão e à sensação de não ter controle sobre as coisas. E apesar de muitos executivos de ponta terem sido treinados para estabelecer processos, eles ainda precisam criar espaço para o inesperado e provir um ambiente no qual possam lidar com as muitas incertezas. Você precisa abrir mão de parte do controle, o que pode ser algo difícil para executivos que quiserem comandar com mão de ferro. Especialmente em um ambiente de Inovação Aberta, é importante que você seja capaz de abrir mão de parte do controle para que possa criar uma situação em que todos ganham: você e seus parceiros externos.

- Líderes podem carecer da visão-X.

Líderes e gerentes costumam ser promovidos por mostrarem excelência em uma função comercial, como P & D, vendas, cadeia de fornecedores ou finanças. Eles têm dificuldade em ver por todas as funções e combinar diversos elementos dentro de uma cadeia de valores e do processo de inovação. Eles não têm a visão-X – a habilidade de trabalhar em todas as funções comerciais e com muitos tipos de inovação para transformarem ideias em produtos, serviços ou métodos comerciais lucrativos – e eles também não treinam os seus funcionários para ter visão-X. Essa habilidade está relacionada com a mentalidade e pode ser desenvolvida através do treinamento e aperfeiçoamento, assim como por programas rotativos de empregos.

- Eles não têm o entendimento dos motivos pelos quais uma cultura conectada é importante para a Inovação Aberta.

Como discuti no Capítulo 6, em um mundo de Inovação Aberta você precisa ser um especialista em conectividade e construir relacionamentos. Isso é verdade, em um nível corporativo e pessoal. Então, eu pergunto a líderes e gerentes em que ponto se encontra a sua estratégia, comprometimento e estrutura necessários para criar uma cultura conectada. Muitos deles nem se importam em dar qualquer importância a este assunto.

Quando a inovação crescer, esses executivos irão ouvir muitos casos que mostram porque uma cultura conectada é importante. Esta explanação irá ajudá-los a entender a importância de cultivar uma cultura de rede de relacionamentos. Então, eles poderão impulsionar iniciativas operacionais mais inteligentes. Eu conheço um vice-presidente de uma companhia global que está experimentando isso. O VP identificou cinco pessoas em sua unidade de inovação que já tinham alguns contatos externos, dentro de diferentes campos. Eles receberam um orçamento e a meta bem aberta de passar o ano estabelecendo relacionamentos que possam levar a novos tipos de inovação. Eles aprenderão com o tempo e ajustarão suas metas e orçamentos ao longo do caminho.

- Os executivos de ponta estão muito distantes da ação.

É fácil pregar a inovação quando não é você que tem que fazê-la acontecer. Eu já estive em diversas situações nas quais os líderes inovadores precisam brigar com diretores que preferem manter o foco em suas atividades diárias, ao invés de dar apoio aos esforços de inovação que podem sugar os recursos no momento, mas que irão contribuir significativamente para o negócio como um todo, no futuro.

O problema é que os executivos de ponta recompensam seus diretores quando eles fazem as coisas acontecerem de maneira impecável. Isso pode ser contraintuitivo à inovação. Mas esses executivos normalmente estão muito distantes da ação para compreender como esta estrutura de compensação torna mais difícil aos líderes inovadores serem bem-sucedidos nas metas estabelecidas. É por isso que quando você realmente precisa do suporte de um CEO em um luta para obter recursos ou em uma briga de ideologias com outro executivo, irá descobrir que, na maior parte das vezes, o seu CEO ficará do lado do *status quo*. A maioria dos líderes é mais comprometida em recompensar o núcleo comercial do que perseguir algo novo e ainda não testado.

Infelizmente, o quadro de diretores tende a ter o mesmo problema e, portanto, não são eficientes em direcionar os executivos nível-C em direção à inovação. Em nome da boa governança corporativa, ao longo das últimas décadas, colaboradores internos, que eram intimamente familiarizados com uma companhia, foram cada vez mais sendo substituídos por pessoas de fora para compor o quadro. Essas pessoas costumam ser selecionadas com base em sua estrela de poder e no reconhecimento do nome, e não estão realmente conectados à companhia. Como tal, eles podem não ter muito entendimento das tecnologias complexas do núcleo da organização. Os membros do quadro podem ser capazes de jogar uma boa partida em Wall Street, mas quando se trata de estabelecer políticas para a organização, eles com frequência não têm *o insight* para estimular a inovação.

COMO OPERAR NESSE AMBIENTE

É um grande desafio para um líder inovador operar em um ambiente no qual os executivos de ponta não compreendam a inovação – ou talvez pior – entendam, mas não estejam dispostos a adotá-la porque isso significaria ir contra o foco do quadro de diretores em metas financeiras, em curto prazo. O que você pode fazer para obter sucesso em um ambiente como esse, especialmente se estiver tentando construir algo tão complexo quanto capacidades para gerar a Inovação Aberta? Baseado em minha experiência, aqui vão alguns métodos:

- Desafie e fortaleça a mentalidade dos executivos.

  A inovação é uma atividade holística que precisa ser compreendida e abraçada por todos, de cima para baixo. Por este motivo, as suas iniciativas para o treinamento da inovação devem incluir os principais executivos. Além de construir o conhecimento deles sobre como a inovação realmente funciona, isso também irá criar uma linguagem em comum ao redor da inovação em si, um dos fatores importantes para ajudá-la a funcionar.

Certa vez dei uma palestra em uma companhia onde o público era o grupo típico – o pessoal de P & D e alguns líderes inovadores. Mas havia uma pessoa que não fazia parte dos suspeitos de sempre. Era um indivíduo do financeiro que fez boas perguntas e estava realmente engajado. Só no final da apresentação é que descobri que ele não era apenas alguém do financeiro; ele era na verdade o CFO. O líder inovador que havia se juntado recentemente à companhia estava conseguindo fazer com que todos os executivos entendessem que eles tinham um papel a desempenhar na inovação. O líder usou a estrutura Dez Tipos de Inovação (veja no Apêndice) para fazer com que o CFO entendesse que ele também deveria se envolver.

O nível da cultura de inovação de uma companhia e seus esforços podem geralmente ser medidos pelo número e tipo de pessoas que comparecem aos eventos internos de inovação.Se o evento foi disponibilizado para toda a companhia e suas áreas comerciais – e não apenas para aqueles que deveriam cuidar da inovação – você pode simplesmente olhar para a diversidade dos participantes. Quanto mais diverso for o público – tanto em termos de áreas comerciais, quanto em níveis gerenciais – melhor a cultura de inovação. Então, quando você estabelecer esforços de treinamento e trabalho para criar uma linguagem em comum, certifique-se de que está atingindo todo mundo, incluindo os executivos seniores.

- Ajude os principais executivos a entender a ideia – e comprá-la – de que a estratégia de inovação deve estar firmemente ligada à estratégia geral.

Isso irá ajudá-los a se comprometer em um nível pessoal, já que todos fazem parte de uma mesma estratégia geral. Crie um mapa para os executivos que mostre o caminho da estratégia corporativa até a estratégia de inovação, e então, através dos vários elementos de inovação que você está buscando. Sempre que você estiver fazendo uma apresentação, certifique-se de incluir este mapa como um lembrete do motivo de você a estar fazendo.

Além disso, neste contexto você precisa entender o poder da pressão do par, mesmo em um nível executivo. Sempre que for possível, grandes decisões devem ser tomadas em conjunto. Quando os líderes se comprometem em fornecer recursos e suporte em frente aos seus pares, é mais fácil mantê-los fiéis à sua palavra, caso posteriormente eles tentem negar o comprometimento.

- Entenda o que realmente importa para o executivo de ponta e especialmente para o CEO.

O CEO está mais focado na linha de baixo (simplificação de processos, cortar custos e coisas assim) ou na linha de cima (aumentar as vendas)? Certifique-se de iniciar projetos de inovação em áreas nas quais os executivos estejam focados, e obtenha suporte de pessoas-chave que possam influenciar esta preferência. Se você puder encontrar maneiras de fazer com que eles se comprometam pessoalmente com os esforços de inovação para que esses esforços combinem com os deles, você pode fazer um bom progresso em longo prazo ao conseguir até mesmo pequenas vitórias nessas áreas. Isso pode ajudá-lo a conseguir o apoio necessário para mudar para outras iniciativas maiores, posteriormente.

- Impulsione o poder das comunicações corporativas.

Se você realmente tiver que instruir seus executivos sobre a inovação, deve investir pesado na construção de relacionamentos sólidos com seu departamento de comunicação corporativa. Certifique-se de que eles entenderam o que você está fazendo e da importância que isso tem para a companhia. Eles podem ajudar a gerar histórias – tanto internas, quanto externas – que criem uma percepção de que a companhia está fazendo progressos em inovação, ao mesmo tempo em que mantém as pessoas cientes de que há um grande espaço disponível para melhorar. Esta percepção pode ajudar quando você precisar solicitar recursos e suporte.

- Não comece muitas iniciativas.

A maioria dos líderes inovadores é gente altamente direcionada, que é bem-sucedida em mudanças e capaz de controlar muitas bolas no ar, ao mesmo tempo. Mas lembre-se que muitos líderes não partilham dessas características; eles preferem que as coisas não mudem e não estão interessados em assumir nada novo. Assim, apesar de sentir-se tentado em começar uma tormenta de atividades, é melhor estreitar o seu foco do que seguir muitas direções de uma só vez.

- Obtenha algumas pequenas vitórias.

Alcançar um pequeno sucesso pode ajudar a convencer os principais executivos que você entende a necessidade de obter os resultados em curto prazo que eles valorizam. Isso criará confiança em seu programa geral e dará credibilidade a você para ir atrás de metas maiores.

A parte do sistema sobre a qual você terá menor influência é o quadro de diretores. Uma vez que são eles escolhem o CEO e influenciam os executivos de ponta através do CEO, e também decidem as bases para os aumentos de salários e bônus, o quadro tem um impacto enorme para determinar se a inovação irá receber o suporte que ela precisa. Infelizmente, como um líder inovador há pouco que você possa fazer para influenciar o quadro.

O que nos traz a um último conselho: se você pegar a si mesmo dando murro em ponta de faca por causa dos obstáculos colocados por uma equipe que não o entende ou não dá suporte para a inovação, é preciso que pergunte a si mesmo se você está mesmo no lugar certo. E você provavelmente precisará sair. Na maior parte dos casos, eu o aconselharia a dar o máximo de si, durante dois anos, antes de desistir nesta tarefa de ajudar os executivos seniores a se tornarem pessoas que apóiem de verdade a inovação.

TAREFAS-CHAVE DO CAPÍTULO

- Os executivos seniores costumam ser grandes obstáculos para a inovação porque eles:
  - › Focam em ganhos em curto prazo.
  - › Carecem de uma educação de inovação.
  - › São avessos ao risco.
  - › São malucos controladores.
  - › Não entendem a importância de uma cultura conectada.
  - › Estão muito distantes da ação, quando se trata de inovação.
- Você pode superar esses problemas ao:
  - › Desafiar e fortalecer a mentalidade dos executivos.
  - › Ajudá-los a entender e investir na criação de um link entre a estratégia de inovação e a estratégia geral corporativa.
  - › Entender o que realmente importa para eles.
  - › Alavancar o poder das comunicações corporativas.
  - › Obter pequenas vitórias e não começar muitas iniciativas de uma só vez.

NOTAS

1. CRISWELL, Corey; MARTIN, Andre. *10 Trends: A Study in Senior Executives' Views on the Future*. Centro de Liderança Criativa, 2007, p. 6.

2. Ibid., p. 7.

3. BOOZ ALLEN PRESS RELEASE. CEO Turnover Remains High at World's Largest Companies, Booz Allen Study Finds. Disponível em: http://www.boozallen.com/news/3608085. Acesso em: 22 mai. 2007.

Capítulo **8**
VENCENDO OS ANTICORPOS CORPORATIVOS

MUDAR É ASSUSTADOR PARA MUITOS ELEMENTOS dentro de uma organização típica. A mudança ameaça o poder das pessoas, seu status, seus egos e, em alguns casos, até mesmo seus empregos. A mudança pode tornar alguém que é um especialista, em uma pessoa obsoleta. Como as pessoas temem a mudança, os esforços de inovação normalmente causam uma erupção de anticorpos corporativos que lutam para exterminá-la e manter, assim, o *status quo*.

Os fatores que causam ansiedade dentro de um sistema fechado de inovação se mostram ainda mais ameaçadores quando uma companhia vai em direção à Inovação Aberta. Executivos e gerentes podem sentir que são capazes de controlar o grau de mudança e moldá-la para suas próprias necessidades, contanto que tudo aconteça dentro da organização. Mas se forças externas começarem a ser trazidas, o jogo muda. Um motivo é que a mudança relacionada à Inovação Aberta tem impacto em toda a companhia. Não é algo direcionado somente ao pessoal de P & D ou aos inovadores. Se você quiser ter sucesso em Inovação Aberta, precisa fazer mudanças em funções comerciais, como vendas, cadeia de fornecedores, produção e outros, para acomodar seus novos parceiros. Isso pode ser assustador para muitas pessoas.

DETECTANDO OS ANTICORPOS

Os sinais que mostram que anticorpos corporativos estão funcionando podem ser percebidos em frases como:

- "Nós já tentamos e não conseguimos fazer dar certo."
- "O que fazemos tem funcionado bem há anos; não há necessidade de mudar."
- "Nossos produtos atuais ainda são lucrativos; eu não vejo porque gastar dinheiro em algo que pode nem funcionar."
- "Nós já exploramos essa ideia anos atrás, mas votamos contra ela."
- "Se essa fosse uma boa ideia, nós já teríamos pensado nela. Afinal, nós somos os especialistas nesse assunto." (Dito sobre uma ideia que venha de fora).
- "Deixe-me ser o advogado do diabo aqui..."
- "É claro, eu apóio a inovação, mas não acho que seja a hora certa para uma grande mudança. O mercado não está pronto."

Pessoas que fazem esse tipo de afirmação podem acreditar cegamente que aquilo que elas estão fazendo é o melhor para a companhia, ou elas podem estar colocando os seus interesses pessoais na frente da lealdade para com a companhia. Algumas pessoas também se tornam anticorpos porque elas não sentem que suas opiniões têm peso suficiente. Esses sentimentos podem fazer com que as pessoas vejam sempre o lado negativo ou banquem o advogado do diabo. A frase "Eu detesto tocar no assunto, mas..." é muito dita por elas, seguida por uma carga enorme de negatividade.

Isso não significa dizer que qualquer um que questione a necessidade de mudança ou sua direção, está agindo como um anticorpo. O som do *feedback* é necessário em muitas situações para que a verdadeira inovação ocorra. Mas o que estou falando é de uma crítica que não seja construtiva. Na verdade, ela é uma rígida negatividade, um atraso intencional, e a colocação de obstáculos sem sentido que representem uma verdadeira ameaça para que a inovação torne-se realidade.

Aqui vemos como geralmente os anticorpos corporativos se comportam durante os estágios da inovação:

1. **Descoberta.**

   Normalmente nesta fase inicial, as pessoas parecerão mais céticas, mas em geral terão ainda a mente aberta. Os anticorpos não costumam ser um problema real ainda.

2. Incubação.

Pode ser aqui que a grande batalha ocorra, na medida em que as pessoas começarem a compreender como a inovação proposta pode colocar em perigo o status e a influência delas. Muitos estarão inclinados a ver a mudança como uma ameaça e não como uma oportunidade. Então você estará preso em lutas de poder, quando as pessoas decidirem que querem bloqueá-lo, ao invés de apoiá-lo.

3. Aceleração.

Nesta fase final, você terá que lidar com a política corporativa em seu auge. Quando estiver claro que a inovação irá seguir adiante, algumas pessoas irão até mesmo lutar para controlá-la, mesmo que elas já tenham lutado contra a inovação durante cada passo do caminho, até aquele ponto.

ALGUMAS SOLUÇÕES

Reconhecer que os anticorpos corporativos provavelmente aparecerão em algum ponto do seu processo de inovação e ter estratégias para lidar com eles deve ajudar você a sabotar algumas das pessoas que irão tentar impedir a mudança e manter o *status quo*. Aqui estão algumas soluções em potencial:

- Torne as pessoas apoiadoras, ao invés de bloqueadoras.

  Nunca é cedo demais para começar o processo. Ao ser proativo em vez de reativo, você pode às vezes atrair os anticorpos para dentro do processo, de uma maneira que satisfaça seus egos e os faça sentir que suas ideias e autoridade estão sendo reconhecidos apropriadamente. A chave é fazer com que eles sintam que estão desempenhando um papel valioso em moldar o futuro da companhia, incluindo o próprio destino. Junte as pessoas para facilitar o compartilhamento de conhecimento e a construção de novos relacionamentos que ampliem as perspectivas de todos. Mantenha as pessoas envolvidas com o processo de inovação.

- Fique fora do radar.

  Em algumas situações, a melhor escolha é ficar fora do radar, pelo máximo de tempo possível. Não se torne muito interessante, cedo demais. Isso irá ajudá-lo a evitar pessoas que queiram possuir a ideia ou o processo, ou que queiram aplicar processos corporativos padronizados para o projeto, mesmo que isso possa acabar com ele.

- Tenha as estruturas e os processos posicionados.

Os fracassos de muitas inovações internas podem ser parcialmente evitados ao se estabelecer regras internas sobre como levar projetos de inovação adiante. Com uma estrutura e processos bem posicionados, torna-se mais fácil mover os projetos para frente, sem tê-los engendrados em destrutivas guerras internas. Contudo, isso pode ser difícil em organizações onde os executivos não tenham um bom entendimento de como a inovação funciona, conforme discutido no Capítulo 7. Isso é mais uma razão para garantir a instrução dos principais executivos sobre a inovação.

- Dê autonomia.

Ter conselhos disponíveis sobre a inovação com alta autonomia ou sobre unidades com seus próprios orçamentos e metas designadas são outras formas de contornar o estrago que possa ser feito pelos anticorpos corporativos. Tais estruturas ajudam a abrigar novas ideias contra situações nas quais os executivos não estejam dispostos a gastar seu capital político para dar apoio à inovação ou quando eles acreditam que a mudança terá um impacto negativo em suas próprias carreiras.

DOMINANDO A GESTÃO PARTICIPATIVA

Você precisa entender que os projetos que você comanda irão afetar outras pessoas. Quanto mais gente você afetar, é mais provável que suas ações tenham impacto em pessoas que possuam poder e influência para ajudar ou impedir seu projeto. Isso faz da administração de todos os interessados uma disciplina essencial a ser dominada, se você quiser obter sucesso com seus projetos de inovação.

Você pode ter uma ideia da gestão participativa ao pensar em termos de três etapas: identificar, traçar o perfil e se comunicar.

1. Identifique os interessados.

O primeiro passo é perceber quem são os interessados. Pense em pessoas internas e externas que podem afetar o seu projeto de forma positiva ou negativa, e pessoas que possam se sentir ameaçadas ou beneficiadas com seu projeto. Não pense apenas nas pessoas mais óbvias, como seu chefe, mas também em influenciadores que não estejam no gráfico formal da organização. Priorize e localize os interessados mais importantes em uma pequena lista.

Como critério para localizar as pessoas, faça a si próprio as seguintes perguntas: Esta pessoa tem algum impacto em meu projeto neste exato instante? Esta pessoa terá um alto impacto em meu projeto agora, em breve ou depois?

Apesar de ser importante trabalhar nos interessados, normalmente você não terá tempo para isso, então é preciso priorizá-los desde cedo. Entretanto, você deve estar sempre preparado para mudar o status dos interessados e adicionar novos indivíduos quando perceber pessoas que estejam sendo afetadas pelo projeto.

2. Trace um perfil dos interessados.

O seguinte passo é criar pequenos perfis. Compile informações, como:

✓ Orientação: O interessado é interno ou externo?

✓ Informação geral: Quais são os nomes, funções, contatos e uma pequena biografia dos interessados?

✓ Visão: Você vê o interessado como um advogado, apoiador, neutro, crítico ou bloqueador de seu projeto? Por quê?

✓ Impacto: O interessado tem um impacto forte, médio ou fraco no projeto. Por quê?

✓ Tempo: O impacto é agora, breve ou mais tarde, no ciclo de vida do projeto?

✓ Tipo de influência: O interessado tem uma influência direta e formal no projeto ou indireta e informal? Por quê?

✓ Interesses-chave: Quais são os interesses financeiros ou emocionais que o interessado tem no projeto?

✓ O círculo de influência: Quem influencia o interessado de uma forma geral, e quem influencia a opinião dele sobre você? Qual seu grau de conexão com o interessado e seus influenciadores?

3. Comunique-se com os interessados.

O último passo é perceber o que você quer de seus interessados e o que pode oferecer para eles – e então comunicá-los sobre isso.

Você pode passo sentir que não está pronto para isso, mas é preciso que você se comunique com seus interessados logo no começo e então, frequentemente. Isso permite que eles saibam o que você está fazendo, e você pode utilizar as reações deles para fazer mudanças que possam até aumentar as chances de sucesso do seu projeto.

As pessoas costumam ser bem abertas sobre seus pontos de vista, e a melhor maneira para começar a construir relacionamentos de sucesso com seus interessados é conversando diretamente com eles. Se você tiver problemas em entrar em contato com eles, pode ser que tenha que usar abordagens mais informais como "encontros aleatórios" onde você busca por locais em que tenha uma boa chance de fazer uma rápida abordagem e nos quais você possa fazer com que o interessado aprecie mais seu projeto.

Você tem que fazer sua lição de casa antes desses encontros e interações. Além de ter desenhado um perfil, você também deve saber quais são as mensagens mais convincentes para usar com os interessados e precisa ser capaz de fazer abordagens rápidas e concisas com base nessas mensagens.

Posteriormente, no Capítulo 16, nós iremos examinar mais detalhadamente como você pode melhorar a venda de suas ideias e visões, usando proposições de valor e "abordagens de 1 minuto". Isso é uma habilidade-chave para se dominar, enquanto líder inovador ou empreendedor interno.

TAREFAS-CHAVE DO CAPÍTULO

- Como a mudança assusta muitas pessoas, o prospecto de mudança causada pela inovação normalmente causa a erupção de anticorpos corporativos.
- Os anticorpos corporativos provavelmente surgirão durante as fases de incubação e aceleração da inovação.
- Você pode combater os anticorpos corporativos ao:
  > Tornar as pessoas apoiadoras, ao invés de bloqueadoras.
  > Ficar fora do radar.
  > Ter as estruturas e os processos posicionados.
  > Dar autonomia aos seus conselhos.
- A gestão participativa é um componente essencial para combater os anticorpos corporativos. Você deve:
  > Identificar e traçar um perfil dos interessados.
  > Comunicar-se com os interessados.

Capítulo 9
INOVAÇÃO RADICAL COMO UM OBSTÁCULO

EIS AQUI UMA IDEIA INSTIGANTE: a inovação radical é muito difícil para a maioria das companhias e elas devem fazer um jogo seguro quando se trata de inovação.

Quando eu propus essa ideia em meu blog, ela deu início a uma torrente de respostas, muitas expressando pavor ante a ideia de que as companhias deveriam desistir da inovação radical. Meu objetivo foi começar uma discussão que poderia levar os líderes inovadores a pensar seriamente sobre a inovação radical e forçá-los a considerar sob qual extensão – se há alguma – eles deveriam iniciar os projetos de inovação radical.

Para começar a entender por que algumas companhias optam por não focarem na inovação radical, vamos definir primeiro sobre o que estamos falando quando dizemos "inovação radical". Uma definição comumente aceita é de que falamos de projetos com uma equipe e orçamento identificados, que são percebidos como tendo o potencial para oferecer características de desempenho inéditas, melhorias significativas (5 – 10 vezes) em características já conhecidas ou reduções significativas de custo (30% – 45%). Esta definição foi desenvolvida pelo Grupo de Inovação Radical, que também desenvolveu o modelo DIA mencionado anteriormente.

Focar em inovação radical pode ser um grande obstáculo ou até mesmo a receita para um grande fracasso, quando as companhias estão nos estágios iniciais de construção de uma mentalidade, uma cultura e capacidades de inovação. Aqui estão cinco motivos que eu citei em meu blog pelos quais a maioria das companhias deve esquecer a inovação radical:

1. Demorará, normalmente, de cinco a sete anos antes que você veja os resultados de seus projetos de inovação radical.

   Com um cronograma desses, não é raro ver projetos que nunca são terminados. Você inicia um projeto quando a maré é boa por um período (pelo menos alguns anos) que o permita investir. Então, na medida em que os bons tempos acabam, você hesita e no momento em que uma crise chega, como agora, você cancela tudo. Isso não lhe dá resultado algum, apesar dos investimentos pesados que fez, e você precisa lidar com empregados frustrados que possam ter devotado literalmente anos de suas vidas para algo que não consegue realmente decolar.

   Esteja certo ou errado, muitos executivos de ponta decidem que a inovação é dispensável durante uma retração do mercado. Como resultado, ao longo das últimas recessões, muito foi cortado da maioria dos programas de P & D das companhias, o que se torna questionável se muitas organizações de fato têm a capacidade necessária para buscar a inovação radical. Até essas capacidades serem formadas para darem reforço, a próxima recessão já estará sobre nós. É por isso que não surpreende que muito da inovação, que é resultado de uma recessão, – e isso com frequência é um montante considerável – vem de empresas iniciantes, e não de grandes companhias.

2. Poucos executivos, líderes, gerentes e funcionários tiveram experiências de sucesso com inovação radical.

   Como isso ainda é uma disciplina nova, as companhias simplesmente não têm as habilidades, mentalidade e conhecimento necessário para completarem com sucesso seus projetos de inovação radical. Os projetos recebem pouco tempo para mostrarem resultados e acabam se tornando alvos óbvios para o corte de recursos dos executivos e líderes que não tem o *know-how* e a paciência para fazer da inovação radical um triunfo.

3. Projetos de inovação, que são mais próximos da inovação incremental do que a radical, são mais prováveis de serem bem-sucedidos, o que os torna mais aceitáveis para os executivos e gerentes que têm aversão ao risco.

Eu até desconfio que tais projetos possam dar um retorno melhor para o investimento do que a inovação radical, apesar de admitir que não encontrei dados que comprovem isso.

4. As companhias podem simplesmente comprar as empresas menores e iniciantes com projetos radicais em andamento e integrá-las aos seus núcleos centrais, usando a sua marca bem estabelecida e seus canais de vendas.

Esta pode ser uma abordagem perigosa porque as companhias tendem a fazer com que esses projetos se enquadrem às necessidades de seus clientes. Além disso, menos de 50% das fusões e das aquisições realmente cumprem com os resultados esperados. As chances de sucesso aumentam quando você desenvolve plataformas inteiramente novas, baseadas em projetos de inovação radical que você adquiriu e os deixa viver as suas próprias vidas.

5. Não é somente difícil para as grandes companhias criar a inovação radical, normalmente isso também é contrário aos seus interesses e cultura.

Assim como os atuais líderes no mercado, as grandes companhias não têm incentivo para mudar. Elas querem manter seu *status quo* e essa mentalidade pode cegá-las para o fato de que outras organizações – normalmente menores e mais sagazes – irão assegurar que a erupção venha. Elas preferem fazer um jogo seguro, ao invés da árdua tarefa de se canibalizarem e se reinventarem.

ESCOLHENDO ESTE CAMINHO

É claro, assim como muitos daqueles que responderam no meu blog repararam, algumas companhias obtiveram sucesso com projetos de inovação radical. A Apple é uma companhia que frequentemente é mencionada. O iPod e o iPhone foram ambos produtos que mudaram o jogo. Quando a inovação radical é feita com sucesso, as companhias podem dominar as indústrias e conseguir compensações enormes. Na entrevista com Mads Prebensen, da Novos Negócios Grundfos, nós também aprendemos que você pode se beneficiar bastante ao ter uma plataforma para inovação radical, onde os novos projetos possam ter futuro fora do núcleo e com estruturas que se encaixem às suas necessidades.

Em longo prazo, uma abordagem de carteira para a inovação provavelmente funcionará melhor para a maioria das companhias, se a cultura inovadora certa e os sistemas de suporte estiverem em seus lugares. A abordagem de carteira envolve a busca de projetos incrementais, projetos de penetração (definidos como mudanças significativas que deem aos consumidores algo demonstrativamente novo) e projetos de inovação radical, com um alto percentual de recursos sendo devotados às porções incrementais e de penetração da carteira. Com essa abordagem, uma companhia sempre estará expandindo aquela ideia radical que poderia atrapalhar completamente a sua indústria e permitir que a companhia aumente dramaticamente a quota de mercado, ao mesmo tempo em que se reconhece que a inovação radical é difícil e arriscada, e não deveria ser buscada ante a exclusão de todo o resto.

Antes que você comece a trabalhar em projetos de inovação radical, aqui vão algumas questões cruciais que você deve observar, antes de seguir em frente:

- Você tem pleno suporte dos principais executivos?

  Você precisa do suporte dos principais gestores para fazer com que a inovação aconteça. Com a inovação radical, o suporte precisa ir ainda além. Você precisa de executivos que sejam pessoalmente comprometidos e dispostos a gastar o seu capital político para fazer a coisa da forma certa. Além disso, você precisa de executivos com a mentalidade correta e uma forte compreensão da inovação.

- A sua companhia tem uma estratégia corporativa que tenha espaço para a inovação?

  Cada vez mais, companhias multibilionárias precisam desenvolver crescimentos de bilhões de dólares, todos os anos, para satisfazer os investidores. Elas costumam adotar uma abordagem de aquisição para satisfazer essa necessidade de crescimento, o que pode levar a uma redução no foco dos esforços de inovação, incluindo projetos de inovação radical, ainda que seja frequentemente reconhecido que tais projetos possam ajudar em longo prazo no desenvolvimento de plataformas comerciais inteiramente novas que possam gerar um alto crescimento. Você precisa considerar se a estratégia corporativa geral funciona bem com a inovação.

- Você tem o pessoal que possa executar os projetos de inovação radical?

Você precisa de um tipo especial de pessoas para fazer com que a inovação radical ocorra. As suas características e habilidades incluem otimismo, paixão, direção, curiosidade, crença na mudança, talento para a conectividade e a habilidade de lidar com – acima de tudo – os diversos anticorpos internos e externos que se oporão ao projeto. A maior parte das companhias não tem os processos adequados prontos para identificar e desenvolver essas pessoas.

- Você tem os processos organizacionais e a estrutura necessários para fazer a inovação radical acontecer?

Ter os processos adequados e a estrutura conforme discutimos no Capítulo 4 diminuirá o número e o poder dos anticorpos corporativos que irão lutar contra qualquer coisa que mude o *status quo*.

- É o momento certo?

A maioria dos projetos leva muito tempo – normalmente de três a sete anos para crescer de uma ideia até uma receita substancial. Os projetos normalmente se iniciam em momentos os quais a empresa passa por uma fase boa há pelo menos alguns anos e você então se atreve a investir, mas os executivos da empresa começarão a hesitar quando os bons tempos acabarem. Eles serão forçados a observar seriamente a carteira de projetos de inovação. Há um grande risco de eles encerrarem os mais radicais porque pode ser difícil justificar o alto nível de risco que acompanha esse sucesso em potencial.

É claro, não é surpresa que essas são questões que você precisa fazer quando for abordar a Inovação Aberta. Para algumas organizações, a própria Inovação Aberta em si será um passo radical, então é preciso que você esteja certo de que está pronto para ela.

TAREFAS-CHAVE DO CAPÍTULO

- Companhias que estão nos estágios iniciais de estabelecimento de suas capacidades de inovação podem estar mordendo mais do que conseguem mastigar, se estiverem buscando a inovação radical porque:
  - › Pode demorar demais para produzir resultados.
  - › Na maioria das organizações, poucas pessoas em qualquer nível tiveram experiências de sucesso com inovação radical.
  - › Projetos que ficam em algum lugar entre inovação radical e incremental são mais aceitáveis para os executivos e gerentes que têm aversão ao risco.
  - › É mais fácil atingir a inovação radical comprando uma empresa recém iniciada e integrando-a à sua companhia.
  - › Companhias que são líderes de mercado preferem fazer um jogo seguro, ao invés de se canibalizar e reinventar.
- Para desenvolver a inovação radical de forma bem-sucedida, as empresas devem:
  - › Ter uma estratégia corporativa com espaço para a inovação radical e tempo adequado para implantar essa estratégia.
  - › Ter pessoas que possam executar projetos de inovação radical e processos em seus lugares certos, para que tudo possa acontecer.

Parte 3
LIDERANÇA PESSOAL PARA A INOVAÇÃO ABERTA

TORNAR-SE UM EXCELENTE LÍDER INOVADOR, especialmente no complexo ambiente da Inovação Aberta, é mais do que apenas dominar os processos e técnicas de inovação. Espera-se que você atinja objetivos organizacionais críticos em ambientes que são, geralmente, repletos de grandes desafios, como os recursos inadequados ou a resistência interna de pessoas que preferem o status quo, em vez da mudança.

Para obter sucesso sob tais circunstâncias é necessária uma mistura especial de características que incluem otimismo, paixão, direcionamento, curiosidade, uma crença de que mudança é algo bom, a habilidade para lidar com incertezas e uma boa comunicação e habilidades com redes de relacionamentos. Tornar-se um grande líder inovador também inclui o domínio de certas habilidades pessoais que iremos observar nos capítulos finais deste livro. Elas incluem:

> *Definir o sucesso:* Para saber se você está alcançando tudo o que é capaz como líder inovador, é preciso definir o que o sucesso significa para você.

> *Identificar valores:* Você só pode ser bem-sucedido em longo prazo, se souber o que realmente lhe importa – seus valores.

> *Fazer a mudança acontecer:* Uma vez que tenha definido o que o sucesso significa, você pode perceber que para alcançar seus sonhos precisará fazer mudanças.

Gerenciar o tempo: Os líderes inovadores com quem converso, frequentemente, mencionam que eles estão lutando para gerenciar seu tempo de uma maneira que eles possam alcançar tudo o que querem, ao mesmo tempo em que se sentem realizados em suas vidas pessoais.

Desenvolver a sua marca pessoal e relacionamentos administrativos: As suas conexões e relacionamentos têm um alto impacto naquilo que você faz e no que pode alcançar. Isso começa nos seus valores, já que eles definem a sua marca pessoal, o que novamente influencia o tipo de pessoas que querem se conectar a você.

Comunicar suas mensagens: A habilidade para se comunicar eficientemente com uma ampla variedade de colaboradores é essencial para qualquer líder focado em Inovação Aberta. Quer seja uma mensagem sobre sua marca pessoal, quer seja sobre um projeto que você está liderando, você precisa saber como desenvolver uma proposta de valor e uma "abordagem de 1 minuto" que irá levar a sua mensagem até as pessoas que deseja influenciar.

No capítulo a seguir, eu discuto como esses assuntos impactam em sua habilidade de ser um líder inovador ou um empresário, e ofereço orientação sobre como dominar cada tema. Vamos começar determinando o que você acredita que sucesso signifique.

Capítulo **10**
DEFININDO O SUCESSO

O QUE É SUCESSO? Não existe resposta curta para essa pergunta e todas as pessoas têm uma ideia pessoal do significado do sucesso. É por isso que não há muitos livros de desenvolvimento pessoal sobre o assunto. Eu tenho discutido o significado de sucesso com líderes inovadores há muito tempo, mas uma troca de *e-mails* há alguns anos ajudou-me a entender melhor o que o sucesso realmente significa para essas pessoas.

Eu troquei *e-mails* com Johnnie Rask Jensen, CEO e presidente da Danfoss Solutions, um braço corporativo do Grupo Danfoss. Se um dia você conhecer Johnnie, saberá que este é um grande empreendedor interno. Como membro da rede INTRAP, ele me enviou um *e-mail* dando prosseguimento a um de nossos encontros anteriores, no qual havia dado aos participantes a pequena tarefa de refletir sobre o tempo. Muitos daqueles participantes haviam se atrasado para o encontro, e na medida em que eles telefonavam passando uma estimativa para seus horários de chegada, pedi que eles refletissem sobre o tempo, enquanto vinham para o compromisso. Lembro-me que eles sorriram quando começamos a sessão, e um deles disse que era a primeira vez, em muito tempo, que ele teve a oportunidade – e motivação – para refletir sobre o tempo. Uma boa discussão se seguiu.

Bem, de volta ao *e-mail* de Johnnie. Aqui está ele.

"Olá, Stefan,

Feliz ano novo e obrigado pela cooperação em 2007. Eu acabei de renovar a parceria para 2008 e tive tempo para refletir durante as festas. Algum *feedback[...]*

Eu acho que você tocou em algo importante durante o encontro na Bang & Olufsen, quando nos vimos pela última vez. Meu maior desafio não é o dinheiro, a organização ou algo assim – colocando de forma simples, é o *tempo*, e posso ver que os problemas que relato a seguir ocorreram durante meu tempo de serviço na Danfoss Solutions, e eram coisas com as quais eu não me importava muito no começo de minha carreira:

- Uma educação continuada em um nível gerencial. Eu negligenciei muito isso nos últimos anos, apesar de ser importante.

- Habilidades básicas de liderança durante o trabalho diário não são priorizadas porque nós simplesmente não temos tempo para elas. Podem ser conversas com funcionários, encontros semanais, atividades sociais comuns para os funcionários, as delegações diárias (que poderiam ser melhores), entre outras. Essas coisas parecem roubar nosso tempo em curto prazo, mas são exatamente o oposto em longo prazo. Pergunto-me se os outros tiveram a mesma sensação.

- Os relacionamentos com família e amigos sofrem devido ao tempo gasto no trabalho e do isolamento que uma posição executiva cria. Eu sinto que uma posição executiva em uma organização de risco requer um esforço ainda maior do que uma posição executiva ou gerencial em uma companhia mais estável, algo que outros também devem ter sentido.

- Está faltando tempo para construir e nutrir relacionamentos comerciais (mas aqui a INTRAP entra no jogo), mais especificamente o tempo para nutrir relacionamentos informais dentro e fora da matriz. Isso costumava fazer parte naturalmente do trabalho, mas hoje é um desafio.

- Tempo para priorizar as tarefas e tempo para refletir a fim de não perder a visão geral e focar somente nas atribulações diárias.

- Tempo para combater a dúvida. Não há dúvida de que pessoas que trabalham com risco estão expostas aos céticos, mas como nós podemos garantir que a dúvida não mine a nossa própria organização?

*[...].*Poderia ser interessante escutar como os outros empreendedores pensam a respeito deste mesmo assunto ou se apenas eu me sinto assim.

Até mais,

Johnnie Jensen
Presidente, Danfoss Solutions"

Através de minhas pesquisas e de minhas atividades, sei que Johnnie definitivamente não é o único estressado por causa do tempo que precisa para fazer todas as coisas que esboça na mensagem. Ainda assim, ser um líder inovador significa ser capaz de estabelecer metas e obter resultados que o mantenha seguindo em frente, ao mesmo tempo em que reflete e se ajusta ao longo curso que marca seu caminho.

Identificar seus valores caminha lado a lado com definir o que sucesso significa para você. Como definir seus valores é tão importante, eu atribuí um capítulo em separado para isso, mas quero enfatizar aqui que você não chegará ao sucesso sem viver de uma maneira que seja consistente com seus valores. Em *workshops* ou nos grupos os quais este assunto aparece, sempre me surpreendo ao perceber a quantidade de pessoas que nunca deram muita atenção aos seus valores pessoais. Há mais sobre este tópico importantíssimo no Capítulo 11.

CAMINHOS PARA O SUCESSO

Com muita frequência, nós permitimos que outras pessoas definam o que o sucesso deveria ser. As expectativas delas criam ilusões que você pensa precisar viver para ser bem-sucedido. Todos nós conhecemos pessoas que escolheram uma grande faculdade ou posteriormente uma profissão porque era isso o que seus pais esperavam delas. Essas pessoas costumam ser das mais infelizes e insatisfeitas que estão por aí. Para evitar expectativas de sucesso tão malsucedidas, você precisa chegar à sua própria definição de sucesso. Preferencialmente, definir o que sucesso significa para você é algo que você faz logo no começo de sua carreira, mas nunca é tarde demais para fazê-lo. Algumas das pessoas mais felizes que você encontrará são aquelas que acordaram no meio da vida e decidiram fazer uma mudança geral! A esta altura, elas realmente se conhecem e desenvolveram a força para fazer aquilo que as torna feliz, em vez de seguir as expectativas de outros.

Trabalhando com inovação, nós geralmente falamos sobre fatores críticos de sucesso. Você já considerou desenvolver os seus fatores pessoais de sucesso? Quais eles deveriam ser? Para ser bem-sucedido, enquanto um líder inovador – e como sócio, membro de uma família e amigo – você pode explorar os seguintes caminhos para o sucesso:

- Conheça seus valores.

  Quando você permite que outros definam o que deveria ser o seu sucesso, isso geralmente causa conflitos internos com seus valores inerentes. Ainda que você não tenha delineado seus valores, se sentirá estressado quando tomar ações que forem contra eles, em um esforço para agradar os outros. Eu lhe asseguro que conhecer os seus valores e viver por eles irá ajudá-lo a encerrar esta infeliz situação.

- Siga a sua paixão.

  Quando você começar a conhecer seus valores, também irá descobrir onde está sua paixão. E você só pode ser bem-sucedido, no significado real da palavra, se puder permitir a paixão na maior parte de sua vida. Paixão é fazer aquilo que lhe é natural, e com um desejo contínuo de aprender e se desenvolver naquela área. Como você liberta a sua paixão? Como você obtém os prazeres que deixam a vida maravilhosa? Por que não planejá-los?

- Decida sobre a sua visão pessoal.

  Todos sabem como é importante para uma companhia estabelecer uma visão que torne concretos os resultados que a organização aspira atingir em longo prazo. De forma semelhante, você pode definir a sua própria visão pessoal que combine seus valores e sua paixão em uma afirmação breve, porém significativa, daquilo que você deseja atingir em seus negócios, na vida pessoal, e como membro da comunidade.

- Estabeleça metas.

Uma vez que tenha definida a sua visão, você pode determinar quais metas em curto, médio e longo prazo irão levá-lo até lá. Partilhe a sua visão e seus objetivos com as pessoas que são importantes em sua vida, para ajudar a construir a contabilidade para o planejamento de seu sucesso. Reveja suas metas regularmente, fazendo ajustes na medida em que progredir ou sofrer derrotas. Você irá aprender que trabalhando pelas metas ao invés de atingi-las é o que o torna feliz, então se prepare para estabelecer novas metas quando atingir as atuais.

- Entenda e respeite seus colaboradores.

Quem irá ajudá-lo a atingir suas metas e sua visão pessoal? É importante identificar e entender seus influenciadores-chave e o que os direciona. Esses são os seus colaboradores, e você precisa se assegurar de que eles entendem o que você está propondo e também como eles podem ajudá-lo a triunfar – e como você pode ajudá-los a triunfar.

- Trabalhe as suas habilidades.

Lembra-se do que falamos no Capítulo 5? Invista realmente em pelo menos uma habilidade e tenha empatia por outras. Pense nisso como Inovação Aberta em um nível pessoal – você precisa aceitar que não sabe tudo e ter coragem de procurar ajuda e conselhos com os outros. Alcance uma perspectiva mais ampla ao aprender com aqueles cujas visões e experiências diferem das suas. Se você tem membros de uma equipe – tanto internamente, em sua organização, quanto externamente, com seus parceiros de inovação – em quem você está confiando para ajudá-lo a atingir suas metas, certifique-se de dividir o crédito com eles. Reconheça os colaboradores em sua vida pessoal que tornam possível a você gozar do tempo necessário para chegar ao sucesso em suas metas comerciais; agradeça-os por seus papéis em seu sucesso.

- Permaneça atualizado.

Enquanto você está trabalhando em suas próprias metas, o mundo do lado de fora continua a girar. Certifique-se de continuar atualizado sobre os desenvolvimentos externos que podem impactar na sua habilidade de alcançar sua visão.

- Comunique-se.

  Como você quer que as outras pessoas considerem você? Você pode não gostar disso, mas não importa de fato o que você pensa de si mesmo. O que realmente importa é como as outras pessoas o percebem. Construa e nutra a sua marca pessoal e trabalhe em suas próprias mensagens.

- Administre o tempo.

  Você pode pensar que trabalhar duro por 60, 70 ou 80 horas por semana é o que precisa para ser bem-sucedido. Você pode até pensar que ser um *workaholic* merece uma medalha de honra. Eu já encontrei muitos líderes inovadores e empreendedores internos que pensam assim. Mas, recentemente, alguns encontraram motivos para reconsiderar como administrar e gastar seu tempo. Um indivíduo teve um ataque cardíaco. Diversas pessoas se divorciaram. Algumas perceberam que estavam passando pela vida, sem verem seus filhos crescerem. Elas chegaram na outra extremidade, onde entenderam que precisam gerenciar seu tempo, ao invés de deixar o tempo gerenciá-las.

Exercício de Sucesso

Este é um pequeno exercício que eu tenho usado em workshops para ajudar as pessoas a definirem o que o sucesso significa para elas. Você pode fazer esse exercício por conta própria, mas seria ótimo se pudesse discutir as respostas com outras pessoas. Talvez até um grupo de líderes inovadores ou empreendedores internos que saibam com o que vocês estão lidando.

1. Pense em três momentos bem-sucedidos nos negócios e na vida particular. Tente descrever cada um deles, e tente definir com o que o sucesso se parece, usando palavras-chave.
2. Identifique as razões para o sucesso usando palavras-chave.
3. Usando as palavras-chave, escreva uma sentença que defina em que você precisa focar, a fim de ser bem-sucedido.

Para lhe dar mais estímulo mental, quando você começar sua jornada rumo à definição do que é sucesso para você, aqui estão algumas frases de inspiração sobre o assunto:

Sucesso é uma jornada, não um destino.
—Ben Sweetland
Autor e colunista de jornal

O jeito mais rápido de obter sucesso é parecer que você está jogando pelas regras de outras pessoas, quando na verdade está jogando pelas suas próprias.
—Michael Korda
Editor de livros e autor

Somente aqueles que se atrevem a falhar tremendamente, podem atingir uma tremenda grandeza.
—Robert F. Kennedy
Senador Americano

BOM SENSO APLICADO – VISÕES PESSOAIS E LUCROS ALINHADOS

Sanjoy Ray, PhD, fundou e dirige a equipe de Tecnologia da Inovação no *MRL Information Technology*, o grupo Merck de Tecnologia e Aplicações de Serviços. Aqui ele fala sobre sua visão pessoal e como ela é trazida à vida prática, em seu lugar de trabalho.

Qual é sua missão no Merck?

Ray: Nossa missão é direcionar decisões em investimentos, com base em evidências. Nós fazemos isso encontrando informações tecnológicas inovadoras, estabelecendo relacionamentos positivos com os inovadores por trás delas, e orquestrando experimentos rápidos de colaboração, onde a tecnologia é testada em cenários comerciais reais do MRL.

A beleza desta abordagem é que nós claramente não fornecemos habilidades. Isso garante que sejamos livres para determinar a verdade sobre a habilidade, e então evitar sermos forçados a fazer com que algo funcione a qualquer preço –

uma situação bastante verdadeira para aqueles que fornecem capacidade de TI. Na verdade, os sistemas experimentais que usamos são deliberadamente desfeitos quando cada experimento é concluído, o que costuma durar três meses. O que nós fornecemos é um resultado experimental que dirige decisões comerciais ambíguas vou / não vou. É difícil imaginar um trabalho melhor, não é?

Eu sei que você é direcionado por uma visão pessoal. Você pode partilhar isso conosco?

Ray: Sim. Cada um de nós nos tornamos pacientes em algum momento, assim como todas as pessoas com quem nos importamos. Eu acredito que uma parte muito maior do sofrimento poderá ser evitada no futuro. Acredito que a indústria farmacêutica irá beneficiar os pacientes, em parte por aumentar o passo da descoberta científica, usando informação emergente de funcionalidades que serão revolucionárias, se comparadas com as que temos hoje. Além disso, essa próxima geração de funcionalidade será fornecida planejando essas colaborações apropriadas com a raça mais brilhante de inovadores fora da farmacologia, impulsionando a incrível profusão da nova TI. Eu acredito que a realização dessas funcionalidades irá ajudar nossa indústria a reduzir o sofrimento de procedimentos médicos inapropriados, através do desenvolvimento mais rápido, mais barato e mais seguro das novas terapêuticas.

Como você chegou a essa visão pessoal? Qual foi seu processo para desenvolvê-la?

Ray: Quando recebi a oportunidade para criar o grupo, recebi também muita liberdade para determinar a sua direção. Havia duas questões maiores: *Como faríamos corretamente as coisas?* Esta foi a primeira questão e a resposta nos conduziria ao desenvolvimento de um modelo formal baseado em um método científico. *Como faríamos as coisas certas?* Esta foi a segunda questão, e a resposta para ela no geral, não estava clara no começo do grupo.

Enquanto buscávamos responder esta questão, eu fui levado a tentar entender os desafios de nossa indústria e as suas causas, e então a entender que novas funcionalidades serão necessárias para dirigir o progresso. Somente quando eu entendi isso é que eu consegui chegar a uma racionalidade para decisões a respeito de quais tecnologias nós trabalharíamos e quais não.

Como você fez isso acontecer no trabalho?

Ray: O grupo teve um sucesso considerável e uma grande parte disso ocorreu porque fizemos as coisas certas, de forma correta.

Há vários fatores-chave para o sucesso:

Primeiro e mais importante, eu não consigo expressar o quanto estou orgulhoso do grupo que tenho o privilégio de liderar. Ter uma visão e aspiração, para um líder, é uma coisa. Outra bem diferente é agregar valor baseado na visão, e é isso o que este grupo faz tão eficientemente, todos os dias. Então, o fator de sucesso mais crítico que diferencia o nosso grupo dos outros é a habilidade dele fornecer uma inovação focada na execução, através de experimentos extremamente bem conduzidos e com resultados definidos. Esses indivíduos são tão fenomenais que eles transformam esse processo tremendamente complexo, em algo simples.

Permita-me enfatizar este ponto, porque ele é muito importante: definir estratégia, ter a visão – eu acho que esses são os pontos fáceis. A parte realmente difícil é a execução sem falhas, que traduz a estratégia e a visão em valores tangíveis. Então, isso me torna a parte menos importante do grupo, não é? E é assim que deve ser. Meu trabalho é encontrar as pessoas certas, criar o ambiente onde elas possam crescer e assumir riscos; encontrar oportunidades, dar a elas o que precisam e então sair do caminho e ver a mágica acontecer.

Devo dizer que a qualidade dos empregados na Merck é realmente muito alta. Eu venho de um *background* acadêmico obtido em lugares como O Colégio Imperial de Londres, Harvard e o Instituo/MIT Whitehead. Honestamente, eu posso dizer que há muita gente na Merck que se iguala ou supera a qualidade das pessoas que estão nessas instituições. Nós contratamos os melhores. Antes de receber a oportunidade de formar o grupo, recordo-me de perguntar o que essas pessoas poderiam fazer se elas estivessem realmente "livres" para simplesmente atingir o que quisessem. Então, de certa forma, formar esse grupo foi um experimento para testar essa hipótese e previsão. O resultado é claro com o sucesso que ele obteve. Realmente ajuda o líder a *não* ser a pessoa mais esperta do grupo! Isso não é difícil em uma companhia como a Merck.

Eu diria que o outro fator crítico de sucesso é algo que, normalmente, vejo negligenciado em outros lugares. Falando de forma simples, o grupo age sempre para fazer os outros indivíduos sejam bem-sucedidos e para alinhar os experimentos com aquilo que realmente estimula os diversos participantes. Nós descobrimos que se operarmos dessa forma, obteremos um desempenho extraordinário só com o entusiasmo e a boa vontade dos participantes. É bem mais fácil falar do que agir assim, e provavelmente por esse motivo é uma prática incomum.

Quais são os prós e contras de ser dirigido por uma visão pessoal?

Ray: Eu acho que algo a favor, que fica bastante claro, é a imensa satisfação de ver o progresso diário no contexto da visão, e saber que o trabalho do dia caminhou na direção da diminuição do sofrimento, ainda que seja um pequeno passo, ao longo do caminho. Todos somos pacientes! Você, e ainda mais importante, todas as pessoas com quem você se importa, indiscutivelmente, em algum momento, serão pacientes. Pense sobre isso! É algo bastante poderoso e que facilita manter-se positivo perante os diversos desafios que, inevitavelmente, surgirão durante qualquer esforço razoavelmente complexo.

Então, ser capaz de desenhar a linha de visão ligada ao que realmente importa é um motivador excelente, que coloca qualquer desafio em seu próprio contexto. Pense no pior desafio que já teve no trabalho. Por pior que tenha sido, ele pode ser comparado àquele que é encarado por um paciente de quatro anos de idade em uma clínica de oncologia pediátrica que esteja fazendo quimioterapia, e por sua família que é obrigada a assistir o sofrimento da criança indefesa?

Eu não consigo ver nenhum ponto contra no ambiente em que vivo, na Merck. Ele é perfeito para estimular o tipo de coisas que fazemos.

O seu chefe sabe que você é mais direcionado por uma visão pessoal do que por lucros? Você já teve brigas por causa disso?

Ray: Sim, ele sabe e é bastante compreensivo, então não há grandes brigas sobre visão e motivação – ele tem uma família jovem, assim como eu. O apoio da liderança sênior é imensamente importante para qualquer ponto que esteja fora da norma, como a inovação. Meu chefe, o chefe dele, e outros líderes seniores têm nos fornecido um suporte vital de forma consistente, por exemplo, ao nos dar suporte aéreo enquanto o grupo estava sendo formado e ainda não era produtivo. Por isso eu lhes sou profundamente grato. Eu acho isso ainda mais notável porque existem tantas demandas competitivas por recursos que alguém pode sempre encontrar uma fundação que mereça esses recursos; então existem, consequentemente, muitas tentações para pegar a saída mais fácil e desmantelar algo tão arriscado e desconhecido quanto um grupo de inovação. Então, a liderança precisou de coragem e fé.

No entanto, eu preciso adicionar que talvez isso não seja tão surpreendente na Merck, cujo ex-presidente, George W. Merck, disse em 1951: "Medicina é para as pessoas. Não é para os lucros. Os lucros a seguem e se sempre nos lembrarmos disso, eles nunca irão desaparecer".

Qual é o seu conselho pra os outros que querem trabalhar em um ambiente de trabalho competitivo e ao mesmo tempo permanecerem fiéis à sua visão?

Ray: Eu diria que eles precisam se posicionar em um ambiente de trabalho onde ao menos uma parte substancial de suas visões pessoais esteja aliada com àquela do Instituto. Este é definitivamente o caminho mais simples e o que provavelmente levará a resultados positivos. Se você gasta tanto tempo e investe tanta energia em qualquer esforço (o que, espera-se, seja uma boa definição de trabalho!), por que você estaria em qualquer lugar em que não há essa combinação? Que desperdício.

E quanto a ambientes hipercompetitivos, eu imagino que a competição interna, levada a extremos, se torna contraprodutiva, porque ela leva a um sucesso localizado, às custas de um fracasso maior da organização. Francamente, agir para fazer com que os outros sejam bem-sucedidos pode ser uma vantagem competitiva em si, simplesmente porque muito poucos estarão agindo de uma maneira que leve a resultados superiores. Como diz o ditado: "Em terra de cego, quem tem um olho é rei!"

TAREFAS-CHAVE DO CAPÍTULO

- Para cumprir seu papel como líder inovador no grau mais alto possível, você precisa definir o sucesso, saber como fazer as mudanças acontecerem, identificar seus valores, administrar relacionamentos e tempo, e comunicar suas mensagens.
- Os caminhos principais para seu sucesso incluem:
  > Seguir a sua paixão.
  > Estabelecer a sua visão pessoal e então identificar as metas para ajudá-lo a alcançá-la.
  > Identificar as pessoas que o ajudarão a alcançar a sua visão e construir relacionamentos mutuamente benéficos com elas.
  > Manter-se informado sobre desenvolvimentos externos que afetem a sua visão pessoal e metas.
  > Construir e comunicar a sua marca e mensagens pessoais.
  > Gerenciar seu tempo.

Capítulo 11
CONHEÇA SEUS VALORES

FICO INTRIGADO QUE TÃO POUCAS PESSOAS possam descrever os valores que guiam as suas ações diariamente. Pense no assunto. Esses são os fundamentos que o ajudarão a ser bem-sucedido como um líder inovador ou um empreendedor interno, e também em sua vida pessoal. Não tenho dúvida que alguns de vocês passaram muito tempo ajudando a sua companhia a definir os seus valores centrais, os quais, se seguidos, irão levar a organização em direção ao sucesso. Não faria sentido definir valores centrais que o impeliriam para o sucesso também? Eu gostaria que você pensasse mais sobre isso e começasse a desenvolver melhor a compreensão de seus valores.

Todos nós temos valores, quer estejamos conscientes deles ou não. Valores são características, qualidades ou crenças que pensamos serem valiosas. De acordo com Susan A. Heathfield, uma especialista em recursos humanos e consultora que escreve para o About.com, valores "representam as suas prioridades mais altas e as mais profundas forças que lhe direcionam". [1]

Além disso, os valores pessoais estão implicitamente relacionados com escolhas; eles guiam as suas decisões ao permitirem que você compare os valores associados a cada escolha. Eu acho isso útil neste nosso mundo no qual, com frequência, parecemos estar condenados pelas escolhas, ao invés de abençoados. Isso talvez seja particularmente verdadeiro para pessoas trabalhando no campo da inovação, que pode ser tida como a "lojinha de doces da corporação". Com tantas escolhas estimulantes e instigantes diante de você, como saberá o que escolher, se não estiver preparado para tomar decisões baseadas em valores?

Heathfield acredita que seus valores são compostos por todas as coisas que aconteceram em sua vida e incluem influências como seus pais e família, sua filiação religiosa, seus amigos e pares, sua educação, suas leituras e outros. Você pode argumentar que valores pessoais, que foram desenvolvidos precocemente na vida, podem ser resistentes à mudança. Entretanto, alguns valores evoluem devido a circunstâncias externas, e valores podem, na verdade, mudar de acordo com o tempo. Como Heathfield aconselha, "Você deve reconhecer essas influências ambientais e identificar e desenvolver um conjunto claro, conciso e significativo de valores, crenças e prioridades."[2]

Quer você os tenha definido ou não, os valores têm impacto em todos os aspectos de sua vida. Todos nós já estivemos em situações onde nos sentimos constrangidos com o que gostariam que fizéssemos. Isso significa que a ação que estão nos solicitando não está alinhada aos nossos valores. Nessas ocasiões, se você já definiu seus valores, é bem mais fácil reconhecer o problema e se livrar da situação, do que se você não tivesse tido tempo para identificar especificamente o que o direciona. Você se torna capacitado de fazer o que é melhor para você ao ter seus valores claramente estabelecidos.

MEUS VALORES

Deixe-me partilhar meus valores pessoais com você. Eles são paixão, confiança, integridade e disposição para ajudar os outros. Eu preciso ser apaixonado pelo que estou fazendo, porque acredito que esta é a única forma de me tornar muito bom no que faço e continuar a gostar disso no decorrer dos anos. A paixão torna as coisas bem mais fáceis, pois você se torna mais envolvido e eficiente quando faz algo que realmente ama. Com sorte, o que você faz também tem potencial financeiro. Eu realmente busco encontrar a paixão em tudo o que faço.

Confiança é importante para mim, porque eu quero formar relacionamentos com pessoas em quem confio, e quero que elas confiem em mim. Claro, esta é uma posição de duas vias, que as outras pessoas frequentemente esquecem. Em longo prazo, pessoas que não são confiáveis, não atingem o sucesso, nem profissionalmente, nem na vida pessoal.

A integridade é difícil de ser descrita, e ainda assim, é bem simples. A definição principal de integridade no dicionário é "a qualidade de possuir e aderir firmemente a altos princípios de moral ou a modelos profissionais". Mas outras duas definições secundárias também são informativas: "Integridade é o estado de ser completo ou não-dividido" e "O estado de ser inteiro ou intocado". Em uníssono, essas três definições indicam que se nós agirmos com integridade, nós seremos completos e intocados". Como alguém coloca isso em prática? É aqui que eu uso minha intuição. Se eu realmente tentar sentir algo, então sei qual é a resposta certa ou qual é a coisa certa a ser feita. Eu tive a sensação de que está tudo certo? Pude sentir a paixão em mim mesmo e entre as outras pessoas envolvidas? Há um forte elemento de confiança envolvido? Se não, eu me afasto.

A intuição, que está interconectada com a integridade, pode ser treinada, então tente confiar em sua intuição com mais frequência. A integridade vem quando você está comprometido em seguir este sentimento interior. Não apenas de vez em quando e também não sempre (ninguém é perfeito), mas o máximo de vezes possível. Acredito que a integridade tornou-se necessária para sobreviver em um mundo que tem se tornado menor, apesar de apresentar mais opções do que jamais teve.

A disposição para ajudar e estar lá para as outras pessoas torna-se um impasse pessoal para mim. Eu sobrevivi com este valor durante grande parte de minha vida comercial. Eu sempre tentei ajudar os outros sem esperar nada em retorno. Aprendi que isso é algo que funciona bem em longo prazo, e não consigo me separar de minha mentalidade conectada. Na minha vida pessoal, isso é mais complicado. Sei que posso dar mais para as pessoas em meu círculo fechado, mas às vezes, simplesmente, não o faço. Talvez eu me sinta mais confortável com minha família e amigos, então eu imagino que não tenha que fazer o mesmo esforço. Talvez eu tenha usado toda minha capacidade mental para este valor no trabalho. Eu sinto que isso é um erro, e estou trabalhando para corrigi-lo.

Eu acredito que você só pode se dar bem em longo prazo se souber os seus valores e o que realmente importa para si mesmo. Além disso, você precisa viver de um modo que seja consistente com seus valores. Ao partilhar meus valores, espero poder inspirá-lo a começar a pensar nos seus.

CLASSIFICAÇÃO DE PONTOS FORTES

Você pode definir valores e pontos fortes de muitas formas diferentes. Talvez você tenha desenvolvido a sua própria definição como eu fiz, ou talvez prefira usar definições aceitas usualmente. Neste caso, você deve dar uma olhada no trabalho feito pelo Instituto VIA do Caráter. Esta organização, sem fins lucrativos, desenvolve uma classificação de pontos fortes, conforme você pode ver abaixo. Eles também desenvolveram exercícios que você pode usar para determinar os seus próprios pontos fortes.

A CLASSIFICAÇÃO DO VIA PARA OS PONTOS FORTES DO CARÁTER

1. **Sabedoria e Conhecimento** – Pontos fortes cognitivos que conferem a aquisição e o uso de conhecimento.

   Criatividade (originalidade, ingenuidade): Pensar de formas novas e produtivas para conceitualizar e fazer as coisas; inclui realizações artísticas, mas não se limita a elas.

   Curiosidade (interesse, busca de novidades e abertura para experiências): Ter interesse em experiências em decurso por conta própria; encontrar assuntos e tópicos fascinantes; explorar e descobrir.

   Julgamento e mente aberta (pensamento crítico): Elucubrar as coisas e examiná-las de todos os lados; não pular para conclusões; ser capaz de mudar de ideia sob à luz de evidências; pesar todas as evidências com justiça.

   Amor pelo aprendizado: Dominar novas habilidades, tópicos e corpos de conhecimento, além do seu próprio; está obviamente relacionado à curiosidade, mas vai além dela, ao descrever a tendência de adicionar sistematicamente ao que a pessoa já sabe.

   Perspectiva (sabedoria): Ser capaz de fornecer conselhos sábios para os outros; ser capaz de ver o mundo de maneira que faça sentido para outras pessoas.

2. **Coragem** – Pontos fortes emocionais que envolvem o exercício da força de vontade para alcançar metas em face à oposição externa ou interna.

   Bravura (valor): Não tremer diante de ameaças, desafios, dificuldade ou dor; falar o que é correto, mesmo que haja oposição; agir com convicção, mesmo se for impopular; inclui bravura física, mas não se limita a ela.

   Perseverança (persistência, diligência): Terminar o que começou; persistir em um curso de ação, apesar dos obstáculos; "abrir portas"; obter prazer ao completar tarefas.

   Honestidade (autenticidade, integridade): Falar a verdade, apresentar-se de forma genuína e agir de maneira sincera; não ser pretensioso; assumir a responsabilidade pelos seus sentimentos e ações.

   Entusiasmo (vitalidade, vigor, energia): Abordar a vida com excitação e energia; não deixar as coisas pela metade ou mal resolvidas; viver a vida como uma aventura; sentir-se vivo e ativo.

3. **Humanidade** – Pontos fortes interpessoais que envolvem tender e favorecer os outros.

Capacidade de amar e ser amado: Valorizar relacionamentos próximos com os outros, em particular aqueles onde partilhar e cuidar sejam recíprocos; estar próximo das pessoas.

Gentileza (generosidade, cultivar, cuidar, compaixão, altruísmo): Fazer favores e boas ações para os outros; ajudá-los; tomar conta deles.

Inteligência social (inteligência emocional, inteligência pessoal): Estar ciente dos motivos e sentimentos de outras pessoas e seus próprios; saber o que fazer para se enquadrar em diferentes situações sociais; saber o que motiva as outras pessoas.

4. **Justiça** – Pontos fortes cívicos que sustentam uma vida comunitária saudável.

Trabalho em equipe (cidadania, responsabilidade social, lealdade): Trabalhar bem enquanto membro de um grupo ou time; ser leal ao grupo; fazer a sua parte.

Retidão: Tratar todas as pessoas iguais, de acordo com noções de retidão e justiça; não permitir que sentimentos pessoais prejudiquem decisões quanto aos outros; dar uma chance justa a todos.

Liderança: Encorajar um grupo do qual se é membro para a execução de feitos e tarefas e durante o percurso manter bons relacionamentos dentro do grupo; organizar atividades em grupo e vê-las acontecer.

5. **Temperança** – Pontos fortes que protegem contra os excessos.

Perdão e Misericórdia: perdoar aqueles que erraram; aceitar os defeitos dos outros; dar uma segunda chance às pessoas; não ser vingativo.

Modéstia e Humildade: Deixar que suas realizações falem por si; não ter a si mesmo como mais especial que os outros.

Prudência: Ser cuidadoso com as suas escolhas; não assumir riscos exagerados; não fazer ou dizer coisas das quais se arrependerá depois.

Autorregulação (autocontrole): Regular o que sente e faz; ser disciplinado; controlar os seus apetites e emoções.

6. **Transcendência** – Pontos fortes que forjam conexões com o universo mais amplo e fornecem significado.

Apreciação da beleza e excelência (espanto, maravilha, elevação): Notar e apreciar a beleza, excelência e/ou o desempenho habilidoso nos vários domínios da vida, da natureza à arte, da matemática à ciência, e todas as experiências diárias.

Gratidão: estar ciente e ser grato pelas coisas boas que acontecem; expressar seus agradecimentos.

Esperança (otimismo, mente no futuro, orientação no futuro): Esperar o melhor do futuro e trabalhar para chegar a isso; acreditar que um bom futuro é algo que pode acontecer a você.

Humor (diversão): Gostar de rir e brincar; levar sorrisos para as outras pessoas; ver o lado bom; fazer (não necessariamente contar) piadas.

Religiosidade e Espirituosidade (fé, propósito): Ter crenças coerentes sobre o propósito mais elevado e o significado do universo; saber onde se encaixar dentro do grande esquema; ter crenças sobre o significado da vida que moldam a conduta e dão conforto.

Copyright © 2004 Values in Action Institute, "Character Strengths and Virtues: A Handbook and Classification" by Christopher Peterson and Martin E.P.Seligman.

E AGORA?

Uma vez que você tenha definido os valores centrais, o próximo passo é considerar o quanto você consegue viver conforme esses valores em sua posição atual, dentro de sua atual companhia e no ambiente de Inovação Aberta no qual estará desenvolvendo relacionamentos com diversos colaboradores externos. Parece haver uma falta de equilíbrio entre seus valores e aqueles das pessoas com as quais você está trabalhando ou os valores dos líderes de sua companhia? Você não precisa ter uma lista dos valores pessoais deles à sua frente para saber disso. Você pode fazer esse julgamento com base nas ações deles. Não é raro para os membros de uma equipe ou executivos agirem de forma que não estejam em sintonia com os valores centrais expressos pela companhia. Com muita frequência, os valores centrais são apenas palavras em um papel, sem qualquer comprometimento real por trás delas.

Muitas pessoas me dizem que se sentem como se estivessem atuando no trabalho. Se você acha que precisa se revestir de uma nova *persona* no minuto em que cruza a porta de entrada, isto é um sinal de que você não está sendo capaz de viver os seus valores em seu atual ambiente comercial. Se for este o caso, dê um passo para trás e imagine como seria um ambiente no qual você conseguiria viver da forma como gostaria. Escreva uma descrição de como você seria capaz de agir naquele local de trabalho ideal. Perceba que você tem o potencial de melhorar e atingir um sucesso maior ao se manter fiel a si mesmo e aos seus valores.

TAREFAS-CHAVE DO CAPÍTULO

- Sua habilidade para atingir o sucesso está ligada a ter um conjunto de valores claramente definidos, que dirijam as escolhas que você faz em seu trabalho e em sua vida pessoal.
- Reservar um tempo para refletir sobre seus valores é um valioso exercício.
- É importante que seus valores e os daqueles com quem trabalha na organização estejam alinhados. De outro modo, você será forçado ficar em uma posição desconfortável, fingindo seu comportamento no trabalho, com chances menores de atingir as metas de sua carreira.
- Viver cada dia de forma consistente com seus valores abre caminho para seu sucesso.

NOTAS

1. Disponível em: http://humanresources.about.com/od/success/qt/values_s7.htm.

2. Ibid.

Capítulo **12**
FAZENDO A MUDANÇA ACONTECER

COM FREQUÊNCIA, quando os líderes inovadores e empreendedores internos com quem trabalho definem o que sucesso significa para eles, eles percebem que precisarão mudar de posição dentro da organização ou encontrar uma nova posição em algum outro lugar, para atingir as metas profissionais que fazem parte de suas definições de sucesso. Às vezes, eles também decidem que precisam fazer mudanças para melhorar o equilíbrio entre sua vida e o trabalho. Essas dificuldades no desenvolvimento profissional normalmente evoluem em torno daquilo que você pode chamar de "crise de meia idade", a qual pode ser causada por situações, como:

- Você chegou a um nível de estabilidade em sua companhia onde não há nenhum passo próximo óbvio que esteja disponível e que o levará na direção profissional que deseja.
- Ao definir os seus valores pessoais, você percebeu que eles não se alinham com os do seu empregador.
- Você não tem a flexibilidade suficiente em sua atual posição, o que irá possibilitá-lo equilibrar a vida pessoal com a profissional.
- Sua companhia não está focada o suficiente em inovação para oferecer os tipos instigantes de liderança inovadora ou as oportunidades de empreendedorismo que você deseja.
- Você gostaria de trabalhar para um quadro de diretores em outra companhia, ou assumir o papel de liderança em uma organização industrial para ampliar o seu impacto.

Resolver situações como essas requer a promoção de mudanças significativas. Sua habilidade para fazer a mudança necessária normalmente está enraizada em duas coisas: percepções e relacionamentos. Muitas pessoas acham que a sua própria percepção sobre quem são, combina com a maneira como as outras pessoas as veem. É notável o quanto isso está errado. Mais importante, quando chega a hora de fazer a mudança que você deseja, você costuma dar mais peso à percepção dos outros do que à sua própria. Portanto, é um bom exercício obter um entendimento melhor de como as outras pessoas o veem, antes que você se feche nas coisas que deseja mudar em sua vida. Pode ser que quem precise mudar não seja você, mas sim as percepções que as outras pessoas têm de você.

A mudança tem muito a ver com percepções e relacionamentos, que podem ser vistos nos casos de dois líderes inovadores que me abordaram procurando ajuda para fazer com que a mudança ocorresse para eles, enquanto procuravam por novas oportunidades de desenvolvimento em carreiras externas:

Nossa primeira pessoa, vamos chamá-lo de Peter, tinha por volta de 50 anos, 17 dos quais gastou na mesma companhia, em posições de considerável responsabilidade de liderança. Ele estava buscando novas oportunidades porque a situação com a sua atual empresa estava muito turbulenta devido a problemas com propriedade. Nós começamos um processo no qual Peter identificou as suas principais áreas de interesse profissional (habilidades, funções e tipos de companhias), suas metas de desenvolvimento pessoal, e suas aspirações para um equilíbrio pessoal a profissional melhor. O passo seguinte foi olhar para o seu equilíbrio de percepção (a sua própria percepção versus a percepção dos outros) e então olhar para os nossos relacionamentos, combinados com uma pequena lista de cinco a dez companhias que poderiam estar interessadas nele.

A outra pessoa, vamos chamá-la de Simon, estava prestes a se aposentar. Ele tinha trabalhado na mesma companhia durante os últimos 25 anos e a viu crescer de uma empresa de fundo de quintal, para um grande negócio. Ele tinha sido encarregado do desenvolvimento de negócios e estava agora procurando maneiras de usar a sua experiência ao servir os quadros de companhias em crescimento. O principal desafio que ele me apresentou foi que ele não sabia como ativar a sua rede de relacionamentos. Durante algum tempo, ele esperou que as pessoas o abordassem, o que não aconteceu. Atingir a sua meta requeria a repetição de ações e a persistência de Simon. Infelizmente, nós não obtivemos muitos resultados. É especialmente difícil conseguir posições de um diretor fora do quadro, em tempos de tempestades financeiras.

Nem Peter, nem Simon haviam dedicado muita reflexão para a sua balança de percepção, ou seja, o quanto a percepção que tinham de si próprios combinava com a visão que os outros tinham deles. Assim, ambos estavam pouco cientes das percepções dos outros, o que poderia interferir em sua habilidade de cumprir metas. Entretanto, apesar de suas idades, eles poderiam ter encarado muito bem a discriminação etária quando tentaram rumar em direção a novas metas, a despeito de suas autoimagens pessoais como homens, que têm tanto a oferecer. Poderiam haver outras maneiras em que a percepção pessoal deles pudesse ter diferido daquela que tiveram as pessoas, cuja ajuda ambos precisarão para fazer a mudança em suas vidas. Além disso, nem Simon, nem Peter haviam trabalhado na construção e nutrição de sua rede, de uma forma estratégica e orientada, ou seja, na meta – e – ação. Eles não eram tão conectados quanto pensavam.

Você também precisa considerar o seu equilíbrio de percepção. Dê uma boa olhada em si mesmo, e se pergunte se há pessoas ou incidentes que possam confirmar a imagem que você tem de si. Você irá obter alguma inspiração sobre como fazer isso quando chegarmos ao Capítulo 14, sobre marca pessoal. Agora vamos ver algumas formas de trazer a mudança.

CINCO PASSOS PARA UMA ESTRATÉGIA DE MUDANÇA

Todo mundo precisa de uma estratégia pessoal para a mudança. Baseado em meu trabalho com líderes inovadores e empreendedores internos, apresento aqui cinco passos para ajudá-lo a desenvolver a sua estratégia de mudança:

1. Perceba e reconheça suas dificuldades – e escolha mudar.

   É bastante simples. Só você pode fazer mudanças na sua vida, e ela começa com você abrindo os seus olhos para as diferenças entre a sua atual situação e a imagem e o valor do sucesso que você criou para si.

   Aqui temos algo que escuto bastante: "Estou velho demais para mudar" ou "Mudar é muito difícil". Você só precisa dar uma olhada em exemplos de pessoas famosas que chegaram ao sucesso relativamente tarde na vida, para saber que o primeiro argumento é falso. O segundo é, sem dúvida, verdadeiro – mudar é muito difícil – mas isso não significa que seja impossível. Fora isso, é tão difícil continuar no caminho que você tem seguido, que tem poucas chances de levá-lo ao sucesso, quanto é mudar a sua vida.

A verdade é que você sempre faz uma escolha; você só precisa perceber e reconhecer as coisas que o estão mantendo preso e optar por fazer as mudanças necessárias. Entre as mudanças que podem ajudá-lo a seguir em frente, está o argumento do teórico americano de estudos urbanos, Richard Florida, de que a escolha do lugar onde mora é uma das mais importantes que você pode fazer na vida. Em *The Rise of Creative Class* e *Who's Your City?* (respectivamente *O Surgimento da Classe Criativa* e *Quem é a sua Cidade,* em tradução livre), ele diz que a escolha do local onde vivemos é o fator mais profético de nossa felicidade pessoal. Ao escolher morar onde pessoas criativas se agrupam, você pode aumentar a sua habilidade de atingir a mudança e se tornar parte de uma força que dirija a inovação.

Eu diria que escolher bem a organização onde você trabalha, com base na combinação de seus valores com os dela, é tão importante quanto para chegar à felicidade. Se houver um descompasso de valores, isso deveria ser uma forte motivação para encontrar um novo empregador que se enquadre melhor. Aqui vão outras questões para se fazer sobre o ambiente de trabalho, para determinar se ele é bom para você ou se é hora de mudar:

- Você se sente apaixonado pela visão da companhia e sua missão?
- Você gosta das pessoas com quem trabalha? Vocês partilham dos mesmos valores?
- Você sente necessidade de ser uma pessoa diferente no trabalho do que é fora dele?
- Você compromete com frequência os seus próprios valores para conseguir que as coisas aconteçam?
- Os líderes pensam em longo prazo e apóiam a inovação e a mudança, ou eles estão mais focados nos resultados do quadrimestre?
- Você tem os recursos necessários para impulsionar a inovação?

Você poderia considerar testar se está na companhia certa ao nivelar os padrões por um patamar alto. Imagine que você tem um caso em andamento o qual esteja comprometendo seus valores continuamente. O que aconteceria se você colocasse o seu emprego em risco para fazer a coisa certa? Você é um funcionário valioso que a sua companhia realmente quer manter, ou ela o deixará ir embora e ignorará que você é um funcionário disposto a lutar por algo que acredita ser válido? Cuidado com este teste; você pode conseguir o que está pedindo.

Em nosso mundo de escolhas aparentemente infinitas, parte de sua estratégia de mudança tem que incluir desenvolver a habilidade de dizer "não". Você precisará eliminar algumas escolhas, após avaliá-las cuidadosamente, e concluir que elas não irão levá-lo ao sucesso que deseja. Entretanto, outras pessoas – que podem não estar cientes dos seus valores e de sua definição de sucesso – podem pressioná-lo para dizer "não" para as coisas que não são de seu interesse. Nessas ocasiões, ser capaz de olhar a situação com clareza e eliminar as influências exteriores é essencial, assim como a habilidade de recusar com firmeza, porém educadamente, ser empurrado para direções que você não quer ir.

2. Entenda a diferença entre puxar e empurrar, quando se trata de mudança.

Você pode tanto ser empurrado, quanto puxado para criar a mudança. Você pode decidir puxar a mudança em sua direção ao optar proativamente por ter um mentor, treinador ou amigo o ajudando no trabalho que deseja criar. Ou pode ser forçado a reagir a fatores externos.

Uma vez que você tenha percebido e reconhecido suas dificuldades, você pode sentir que as coisas estão sob controle e que você está no comando dos problemas. Eu costumava acreditar nisso. Por muitos anos eu trabalhei em minhas dificuldades, como um temperamento explosivo ocasional, impaciência com pessoas que não seguiam minhas ideias e mudanças de humor. Eu costumava pensar, "Sim, eu tenho algumas dificuldades, mas ao menos eu as conheço e estou trabalhando nelas". Eu fiz algum progresso, mas ele era bastante lento. As coisas não mudaram de fato até que eu tive um inesperado empurrão externo que me forçou a dar uma boa olhada em mim mesmo e perceber o que poderia perder, se não fizesse as mudanças necessárias. Esse empurrão veio da parte pessoal de minha vida, mas o padrão é similar no desenvolvimento profissional.

Eu ajudei muitos líderes inovadores e empreendedores internos com dificuldades no desenvolvimento de suas carreiras e habilidades. Normalmente a coisa é assim. Primeiro, há muita conversa, e pouca ação. Isso pode durar anos. Então, algo acontece. Algumas pessoas conseguem criar um efeito de atração ao entender que elas precisam de ajuda, e então, saem em busca dela. O *feedback* externo torna mais fácil de ver o quadro completo e entender que é preciso de mais coisas, para que a mudança ocorra. Então elas seguem em frente com as ações mencionadas.

Mais frequentemente, é um empurrão externo. Pode ser que o futuro tenha se tornado incerto por causa de um grande processo de reestruturação organizacional. Você pode ter um novo chefe ou um novo quadro de diretores. Você pode até perder o seu emprego. A pressão acumula, e as algumas pessoas ficam carrancudas. Mas as suas experiências como um líder inovador ou um empreendedor interno elevaram sua posição. Você está acostumado com a pressão e entende que um empurrão externo desses pode ser transformado em algo positivo. A coisa mais importante do envolvimento externo é que ele pode ajudá-lo a dar ímpeto à ação. Como o autor Anthony Robbins pontua, as pessoas irão mudar quando a dor de permanecer no *status quo* se tornar maior do que a dor de sair dele.

3. Estabeleça metas.

Você precisará estabelecer metas de mudança e determinar como mensurar seu progresso. Um bom modo de começar é escrevendo as razões pelas quais você quer mudar. A seguir, desenvolva as suas metas para a mudança e os passos detalhados que o levarão até lá. Por fim, você precisa medir seu progresso de alguma maneira, tanto em curto, quanto em longo prazo. Estabeleça métricas que possa checar periodicamente, para assegurar que você está indo na direção certa.

Isso pode caminhar lado a lado com o estabelecimento da visão e da meta que discutimos no Capítulo 10. Como prevenção, certifique-se de ter objetivos realistas. Não complique demais as coisas ao ter muitas metas e poucas prioridades. É melhor fazer um progresso mais lento e contínuo, em uma ou duas áreas principais, do que se sobrecarregar com tantas metas que o fardo se tornará inviável e não ocorrerá nada de fato. Como Carmine Coyote escreve em seu blog, *Slow Leadership,* "Quando tudo é importante, nada é. Você precisa priorizar ou aumentará o risco de falhar. Mantenha seu foco naquilo que realmente importa mais – somente uma coisa, se possível – e faça-a acontecer. Então vá para a seguinte. Sucesso gera sucesso".[1]

4. Preste contas sobre seu esforço de mudança – e comece a transformar as percepções que os outros têm de você – ao comunicar as suas metas para seus principais colaboradores.

Isto é similar à dinâmica de boas equipes. Elas funcionam bem porque os membros da equipe mantêm uns aos outros mutuamente atualizados, ao mesmo tempo em que têm uma preocupação sincera pelos demais. O mais provável é que você não se sinta confortável de contar as suas dificuldades para os outros, mas ajudaria bastante poder contar com gente em quem confia para que eles possam agir como bons membros de equipe e ajudá-lo a cumprir com seus objetivos.

Existem também motivos reais para se abrir a um público mais amplo. Como já discuti, gostando ou não, o mundo não gira em torno de você e do que acredita. As percepções que outras pessoas têm de você podem afetar a sua habilidade de mudança. Ao abrir o jogo com os outros que você está trabalhando em prol das mudanças, você pode ajudar a mudar as percepções daqueles que estão contra você. Isto, por sua vez, pode facilitar que atinja as suas metas.

5. Crie rituais para reforçar a mudança.

Pesquisas sobre como as pessoas mudam seus hábitos e criam outros novos sugerem que a maioria não tem a autodisciplina necessária para mudar. Ainda assim, algumas pessoas efetuam mudanças significativas em suas vidas.

Há muitos motivos para recomendar o livro *Mais feliz: Aprenda os segredos para uma lista diária de alegria e satisfação duradoura,* de Tal Ben - Shahar; sua discussão sobre mudança é somente uma delas. Ben - Shahar aponta para um livro de Jim Loehr e Tony Schwartz chamado *O Poder da Plena Participação,* no qual eles sugerem uma forma de encarar a mudança: "Eles sugerem que ao invés de focar no cultivo da *autodisciplina,* como um meio que leva em direção à mudança, nós precisamos introduzir *rituais.* De acordo com Loehr e Schwartz, 'construir rituais requer definir comportamentos bastante específicos e desempenhá-los em momentos bem definidos – motivados por valores profundamente arraigados'"[2]

Os especialistas geralmente aconselham a introduzir mais de um ou dois tipos de rituais por vez, e assegurar que eles se tornem hábitos, antes de criar novos. A mudança incremental é mais provável de acontecer do que esperar que uma mudança vasta ocorra, da noite para o dia. Basta olhar para as pessoas que tomam aquelas resoluções de Ano Novo de ir fazer uma academia em comparação a alguém que estabelece uma meta mais razoável de ir pouco a pouco aumentando a sua frequência de um dia, para dois dias na semana, e então três dias. Apesar disso, ambas as metas precisam começar efetivamente indo para a academia e isso pode ser tido como um ritual.

De acordo com Bem – Shahar, "As pessoas costumam ser resistentes à ideia de introduzir rituais porque elas acreditam que um comportamento ritualístico pode reduzir a sua espontaneidade e criatividade – especialmente quando se trata de rituais interpessoais como um compromisso regular com a sua esposa, ou rituais artísticos, como pintar. Entretanto, se nós não ritualizarmos – ou planejarmos – as atividades, com frequência, nós não as executamos e, ao invés de sermos espontâneos, nos tornamos reativos (às exigências dos outros de nosso tempo e energia). Ainda mais importante, podemos integrar espontaneidade dentro de um ritual, por exemplo, decidindo espontaneamente aonde ir em uma data ritualizada".[3]

TAREFAS-CHAVE DO CAPÍTULO

- Sua habilidade de mudar a trajetória de sua carreira depende de dois fatores:
  1. O equilíbrio entre como você vê a si mesmo e como os outros o veem.
  2. Os relacionamentos que construiu.
- Se houver uma falta de equilíbrio nessa percepção, você pode mudá-la ao:
  - ➤ Perceber e reconhecer suas dificuldades e se comprometer com a mudança.
  - ➤ Entender a diferença entre puxar e empurrar quando se trata de mudança.
  - ➤ Estabelecer metas e priorizá-las.
  - ➤ Prestar contas sobre seu esforço de mudança – e começar a mudar as percepções que os outros têm de você – ao comunicar as suas metas para os colaboradores-chave.
  - ➤ Criar rituais para reforçar a mudança.

NOTAS

1. Disponível em: http://www.slowleadership.org/blog/2008/07/the-dangers-of-setting-yourself-goals/.

2. BEN-SHAHAR, Tal. *Happier: Learn the Secrets to Daily Joy and Lasting Fulfillment.* New York: McGraw Hill, 2007, p. 9.

3. Ibid., p. 10.

Capítulo 13
GERENCIANDO O TEMPO

COMO UM LÍDER INOVADOR, você está fadado a ter problemas com o tempo. Esta carreira consome tempo. Você está sendo empurrado em todas as direções, e não importa quantos itens risque em sua lista de tarefas a serem feitas, o número deles parece sempre crescer. E na medida em que vamos em direção à Inovação Aberta, o gerenciamento do tempo se torna cada vez mais essencial, pois você tem que equilibrar mais relacionamentos e muito provavelmente lidar com pessoas em todo o mundo, em diferentes zonas de tempo, o que irá colocar ainda mais pressão em seu cronograma.

Tempo – ou melhor, a falta dele – é um assunto que nós geralmente discutimos em nossas reuniões porque todos os membros gastam a maior parte de seu tempo com uma pequena caixinha rotulada como *urgente*. Nós temos uma tendência generalizada de assumir que não há nada a fazer quanto a este respeito; dificuldades temporais fazem parte do jogo, certo?

Bem, a resposta está somente parcialmente correta. A verdade é que se você não tiver um controle do gerenciamento de seu tempo, terá poucas chances de fazer acontecer o tipo de mudança discutida no Capítulo 12. Então, eu vou abordar aqui dois princípios que nos ajudarão a entender porque gerenciar o tempo é tamanho desafio, e irei sugerir que há algumas coisas que você pode fazer para obter um controle maior sobre ele. Primeiro, vamos dar uma boa olhada onde o seu tempo é consumido.

ANALISE O SEU ORÇAMENTO DE TEMPO

Muitas pessoas acabam tendo problemas financeiros porque elas nunca estabelecem um orçamento que priorize gastos e nem disponibilizam seu dinheiro em conformidade a ele. Elas têm problemas todos os meses a cada pagamento, e não têm certeza exata de onde seu dinheiro foi parar. A mesma coisa ocorre quando você não analisa onde seu tempo foi parar e não estabelece prioridades. No final do dia ou da semana, você percebe que não completou tarefas importantes em seu trabalho, só foi uma vez à academia e passou muito pouco tempo com seus amigos e sua família.

Para onde foi o tempo? Você ficou a semana inteira ultraocupado, mas o que aconteceu que o levou em direção à sua visão de sucesso? Eu não sou um grande fã de captar um monte de dados e depois analisá-los, o que é exatamente o que a maioria dos exercícios de gerenciamento de tempo faz. Pessoas inteligentes já têm uma ideia do que está errado e porquê. De fato, elas precisam apenas de uma rápida visão geral e de um efeito puxão ou empurrão, conforme discutimos no capítulo da mudança. Então, este é um exercício para ajudá-lo a obter uma rápida visão de onde seu tempo foi parar, para que possa identificar quais tipos de mudanças lhe darão um controle maior sobre o seu bem mais precioso – as horas de sua vida.

Você poderia manter uma agenda detalhada de tudo o que fará durante a próxima semana, anotando quanto tempo gasta em coisas, como: trabalho, amigos e família, para si mesmo, transporte, auxílio e muito mais. Entretanto, como poucos de nós têm a disciplina de manter um registro assim, eu sugiro que você observe o quadro geral e gaste 30 minutos refletindo em como usar seu tempo. Primeiro, analise as questões abaixo, e então reflita, antes de começar a respondê-las. Use somente palavras-chave para as suas respostas.

Como eu me comunico (reuniões, fone, *e-mail*) com os outros? Eu preciso mesmo interagir com essas pessoas? O que aconteceria se eu cortasse as reuniões pela metade? E se eu decidisse me comunicar por *e-mail* primeiramente, então pelo telefone e fazer reuniões só se fosse necessário? Reflexões (somente palavras-chave): _____

_____

_____

Com que tipos de atividades eu gostaria de passar menos tempo? Por que eu gasto tempo com coisas que não gosto? O que aconteceria se eu não as fizesse? Alguém mais poderia fazê-las para mim?
Reflexões (somente palavras-chave): _____

_____

_____

Com que tipos de atividades eu gostaria de passar mais tempo? Por que eu não estou passando mais tempo com essas atividades?
Reflexões (somente palavras-chave): _____

_____

_____

Onde e quando eu estou perdendo tempo? O que posso fazer para parar de desperdiçar meu tempo?
Reflexões (somente palavras-chave): _____

_____

_____

Onde e quando eu sou mais produtivo? O que posso fazer para criar mais possibilidades no que sou altamente produtivo?
Reflexões (somente palavras-chave): _____

_____

_____

Você precisa criar alguns pontos de ação para mudar as coisas. Escolha três coisas que você gostaria de mudar nas próximas semanas. Eu sugiro que você mantenha tudo o mais simples possível, no início. Você sempre poderá repetir este exercício.

Tente usar a sentença abaixo para escrever as suas ações.

"Eu quero mudar meu (*insira o comportamento/assunto*) ao (*insira a ação*) por que isso me dará (*insira o resultado desejado*)."

Este é um exercício simples que não lhe tomará muito tempo. O objetivo é fazer com que você observe se gasta tempo com as coisas que considera importante para si e se deve começar a fazer mudanças no modo com que lida com o gerenciamento de seu tempo.

COMO AS COISAS FICARAM ASSIM?

Para entender porque o gerenciamento do tempo é um desafio tão grande para a maioria, precisamos compreender dois princípios:

- A Lei de Parkinson.

  Este é o provérbio que "o trabalho se expande de modo a preencher o tempo necessário para o seu término", estabelecido primeiro pelo historiador naval britânico Cyrill Northcote Parkinson em um ensaio na revista *The Economist*, em 1955 e posteriormente em um *bestseller* chamado *A Lei de Parkinson*. Este princípio explica porque você – e as pessoas para quem delega – raramente terminam uma tarefa antes de seu *deadline*.

  Com um prazo de 30 dias para preencher um relatório, nós iremos pesquisar, pesquisar e pesquisar um pouco mais, antes de arregaçar as mangas para começar a escrever alguns dias antes do prazo de entrega. No entanto, se recebêssemos dois dias para escrever o mesmo relatório, daríamos um jeito de fazer toda a pesquisa e a redação nesse período. Isso também explica por que tantas pessoas são vistas nas lojas na véspera de Natal, fazendo suas compras no último minuto. Algumas delas estão lá procurando por liquidações de último minuto, mas a maior parte provavelmente está lá por causa da Lei de Parkinson.

  A Lei é responsável por muitas das reuniões entorpecedoras que todos precisamos atender a cada semana, e também explica porque seu orçamento de tempo mostra, quase indubitavelmente, que você está gastando uma quantidade enorme de tempo com assuntos não-prioritários.

- A Regra do 80/20.

  Essa regra (também conhecida como o princípio Pareto) também pode ser aplicada ao gerenciamento do tempo. Usando essa regra, podemos dizer que 80% dos efeitos de seus resultados vêm de 20% das causas. Em outras palavras, 80% de seus resultados vêm de 20% de seus esforços, o que significa que todos gastam muito tempo e energia para fazer coisas que não nos aproximam mais de nossas metas de trabalho ou pessoais.

Estar ciente dos efeitos da Lei de Parkinson e da Regra do 80/20 pode ajudá-lo a dar uma olhada revigorante em seu orçamento de tempo, para identificar como você pode melhorar a forma com que o gerencia. Responda essas perguntas:

- Há ocasiões em que você prolonga o trabalho, fazendo mais pesquisa ou tendo mais reuniões do que o necessário para tomar uma decisão, preparar um relatório ou levar alguma prioridade adiante?
- Se você fosse obrigado, você poderia de forma realista fazer em quatro dias o que hoje faz em cinco? Em outras palavras, há itens em sua lista de pendências que poderiam ser delegados ou até mesmo dispensados, sem que o mundo acabasse?
- Existem itens em sua lista de pendências que poderiam ser passados para um assistente virtual? Pense além de sua vida no trabalho, para sua vida pessoal. Existem tarefas que poderiam ser feitas por um assistente virtual? O "assistente virtual" do Google e todo um mundo de possibilidades se abrirão para você.
- Quais 20% de seus esforços produzem os 80% de seus resultados?
- Existem muitas tarefas não-prioritárias que poderiam ser colocadas juntas, para que fossem feitas com um rápido rompante de energia? Por exemplo, você tira um tempo para fazer uma pequena visita a um cliente por dia, quando na verdade poderia combinar cinco visitas e fazê-las todas, usando aproximadamente o mesmo tempo de antes?

RESERVE TEMPO PARA PENSAR

Ao identificar formas para gerenciar seu tempo melhor, uma das principais prioridades para o tempo que foi liberado deve ser pensar. Você trabalha com inovação em um alto nível e precisa de tempo para pensar e refletir, para ser o melhor que você pode ser. Poucos de nós conseguem fazer isso no mundo agitado de hoje, mas com algumas mudanças, você provavelmente poderá liberar algumas horas por semana para executar um pensamento de alto padrão. Ao tentar fazer isso, você achará que se trata do maior luxo da semana.

Uma hora de reflexão solitária (sem interrupção ou distrações) pode fazer uma tremenda diferença em sua habilidade de permanecer focado em sua visão e nas suas prioridades. Para usar este tempo valioso, da melhor maneira possível, seu pensamento precisa ser direcionado para um assunto em particular. Aqui estão algumas orientações adicionais:

- Estabeleça um objetivo.
- O que quer atingir com esta hora?
- Defina primeiramente o problema de forma plena.
- Não pule imediatamente para a solução, antes de explorar todas as facetas da dificuldade que tem em mãos.
- Escreva, digite ou grave seus pensamentos, assim que possível.

É muito fácil esquecer os seus pensamentos e conclusões se você seguir em frente, após ter pensado por uma hora, e não tiver guardado suas ideias. Além disso, registrar algo no papel faz com que seu comprometimento seja mais concreto e mais provável de forçá-lo a realmente seguir um planejamento.

- Use o tempo solitário de forma máxima.

  Muitas pessoas reparam que elas têm as melhores ideias quando estão caminhando, correndo ou até dirigindo sozinhas. Qualquer tempo que você passe sozinho e longe de interrupções pode ser uma boa ocasião para pensar, contanto que não deixe seu celular ou *Blackberry* interferir. Apenas certifique-se de gravar seus resultados, assim que for possível.

COLOQUE O GERENCIAMENTO DO TEMPO EM PRÁTICA

Certa vez, eu enviei um *e-mail* para os membros de meus grupos dinamarqueses. Ele foi inspirado pelo livro *Trabalhe 4 Horas Por Semana*, de Timothy Ferris. Que título! Ele certamente ajudou a fazer do livro um *best-seller* internacional, e também chamou a minha atenção já que estava procurando ver como os líderes inovadores e empreendedores internos gerenciam seu tempo.

Para ser honesto, eu realmente não li o livro inteiro. Ele é infantil e superficial, mas Ferris merece muito respeito por ter criado formas inteiramente novas de gerenciar – e pensar sobre – seu tempo. Meu *e-mail* para a rede foi assim:

"Prezados amigos,

Esta noite é possível que tenham visto uma matéria interessante na TV. Era sobre como você pode cortar o tempo gasto no trabalho e conseguir mais espaço para as coisas divertidas da vida: família, amigos e atividades de esporte e lazer.

A matéria era sobre Timothy Ferris, que escreveu *Trabalhe 4 Horas Por Semana*, (www.fourhourworkweek.com/blog/). O livro é tipicamente americano. Às vezes ele exagera e fica demais no estilo *"Just do it"*, mas também tem alguns ovos de ouro esperando para serem recolhidos.

Ele tem sido a minha inspiração para criar uma vida mais simples, o que tem sido uma de minhas principais tarefas nos últimos seis meses. Entre outras coisas, o livro me ajudou a:

- Priorizar meus contatos.

Minha forma de comunicação prioritária com os outros é (1) *e-mail* (2) telefone (3) encontros. Surpreendeu a alguns o fato de eu não querer me encontrar com eles por acreditar que a tarefa poderia ser feita por *e-mail* ou telefone. Não é ser rude. Apenas poupa tempo para todos os envolvidos e funciona muito bem. Não se preocupem – eu não planejo transformar nossa rede em uma comunidade virtual – é ótimo vê-los cara a cara : -).

- Terceirizar externamente o que pode ser terceirizar.

Você ficaria surpreso ao saber o que pode ser terceirizado na Índia – e em outros países. Por que não dar uma olhada a mais nessas tarefas levemente tolas e limitadas que vocês têm? Talvez elas possam ser terceirizadas externamente. E quanto a esses empregos para os quais uma mão (virtual) amiga poderia servir perfeitamente – no trabalho e lazer? Pense por que você não consegue terceirizá-las. Eu uso ou já usei pessoas nos Estados Unidos (publicações) e na Índia (pesquisa de mercado e desenvolvimento de *website*). Leva um tempo para achar as pessoas certas, mas eu posso definitivamente recomendar que vocês ganhem tempo dessa forma.

- Reservar tempo para minhas prioridades.

Ter duas meninas lindas, uma de três e outra de seis anos, requer tempo e comprometimento. Esportes – triatlo por enquanto – requer tempo e dedicação. Eu escolhi dar à minha família e aos esportes uma prioridade alta. Isso requer que eu reserve tempo para ambos. O trabalho não foi prejudicado por isso – na verdade, é bem o oposto, porque eu me vejo mais focado e produtivo do que costumava ser.

Espero que vocês encontrem alguma inspiração nisso.

Atenciosamente,
Stefan"

Eu recebi muitas respostas para este *e-mail*. Primeiro, as pessoas gostaram do fato de eu estar sendo aberto e honesto sobre coisas que estavam ocorrendo em minha vida; pareceu que isso fortaleceu minhas relações com muitas delas. Também, muitas pessoas relataram que haviam tirado um tempo para refletir sobre minha mensagem e estavam tentando fazer coisas que eu sugeri. Aqui está uma entrevista que mostra como e porque uma pessoa agiu a partir de minha mensagem.

RECONHECENDO O DESAFIO DE GERENCIAR O TEMPO

Henrik Solkær era Vice-Presidente de Tecnologia & Inovação e Desenvolvimento Sustentável da Danisco Sugar na época desta entrevista. Henrik foi nomeado posteriormente Vice-Presidente Sênior de Inovação Corporativa & Tecnologia e Desenvolvimento Sustentável da Nordzucker AG, após a fusão das duas empresas.

Quais eram suas principais dificuldades em relação ao gerenciamento do tempo?

Solkær: Eu tinha algumas dificuldades. A primeira era garantir que eu sempre priorizasse as dificuldades mais importantes a fim de dar plena atenção a situações que assim exigissem. É necessário ser capaz de limpar esse calendário, e eu preciso fazer isso às vezes.

Eu também tento garantir que independente do que eu esteja fazendo, estou sendo o mais eficiente possível. Isso não se trata apenas de poupar tempo, mas também de energizar e criar momentos para mim mesmo e ao meu redor. Como um líder na Danisco Sugar, eu trabalho para construir uma cultura na qual somos cautelosos com relação ao tempo, dinâmicos e orientados em direção a decisões. Nós buscamos ação.

Meu direcionamento pessoal é continuar me movendo em direção às prioridades que tenho em minha vida. É similar ao trabalho, por que eu tento usar meu trabalho da forma mais precavida possível. Eu tento não desperdiçar tempo e ser o mais dinâmico que posso quando busco meus planos, metas e sonhos. Isso anda lado a lado com a forma como lido com meu tempo.

Em linhas gerais, acho que gerenciar o tempo é um grande desafio. Não é fácil não gastá-lo em direções erradas – e, portanto, perder o foco, o direcionamento e a velocidade. Entretanto, ao ter esse tipo de foco sobre o tempo, às vezes também é importante simplesmente abrir mão do controle.

Abrir mão do controle? Poderia dar alguns exemplos disso?

Solkær: Eu tento conversar com colegas, sempre que possível. Nós somente conversamos e deixamos as coisas acontecerem. Às vezes tenho uma sensação instantânea de que preciso abrir mão. Percebo que é hora de apenas pular a agenda, simplesmente ver o que acontece.

Meu *e-mail* lhe deu alguma inspiração sobre trabalhar quatro horas por semana. Quais reflexões fez sobre isso?

Solkær: Foi uma grande inspiração olhar para algumas coisas e eu criei certas aspirações para ser capaz de quebrar com hábitos e, portanto, poupar tempo. Acredito que tempo é um recurso tão raro, então estou curioso para escutar a mensagem de Timothy Ferris, o autor do livro.

Quais ações você tomou?

Solkær: Imediatamente, eu mudei minhas prioridades sobre como entro em contato com as pessoas. Primeiro *e-mail*, depois, telefone e encontro é a última opção. Isso me ajuda a ser ainda mais cauteloso sobre como marco meus compromissos.

Outro ponto é que sempre que vou a uma reunião, sugiro tentarmos dividir o tempo ao meio. Isso funciona, e agora também tenho isso em mente quando planejo reuniões futuras.

Agora, algumas semanas depois, quais foram os resultados após ter tomado essas ações?

Solkær: Além de cortar o tempo gasto em reuniões, eu fiquei mais focado e tento encontrar as melhores e mais eficientes formas de organizar as coisas, através de delegação. Costumo me perguntar como tal coisa pode ser feita mais facilmente. Admito que isso, normalmente, é visto de minha perspectiva, então percebo que minha própria cautela cresceu. Isso não tem sido uma dificuldade de verdade para com os outros, porque eu descobri que quanto mais você delega, mais as pessoas se envolvem de uma maneira positiva.. Eu acho que delego bem e bastante, mas pretendo fazer ainda mais.

As pessoas notaram a sua mudança de comportamento? Se sim, poderia dar alguns exemplos de como elas reagiram?

Solkær: Sim, elas notaram uma mudança e acho que elas se inspiraram e aprenderam comigo. Meus colegas são, até certo ponto, motivados a usarem seu tempo de forma mais eficiente e seus recursos mais cuidadosamente e de maneira otimizada.

Na verdade, nomeamos uma pessoa que irá desenvolver um conjunto de ideias sobre como melhorar o desempenho e a eficiência. Isso foi inspirado por seu *e-mail*, que levei para um seminário sobre estratégia e que ocorreu logo após eu tê-lo recebido. Ficou decidido que valia à pena explorar o tema e desenvolver um conjunto de ideias. Também compramos cópias de *Trabalhe 4 Horas Por Semana*.

Sobre aprendizado, acredito que as pessoas se sentem inspiradas para se tornarem mais eficientes e para romperem com os maus hábitos. Acho que todos têm um estilo de fazer as coisas e isso fica marcado em sua forma de trabalhar. Um de nossos desafios é mudar essa abordagem. Como as coisas podem ser feitas de uma forma melhor e mais rápida, sem comprometer a qualidade? Poucas pessoas desafiam o *status quo*.

Você viu um lado negativo em priorizar os seus meios de comunicação (*e-mail*, telefone, encontros)?

Solkær: Não. Não houve efeitos colaterais negativos. Aprendi que às vezes você precisa colocar a eficiência do tempo de lado e tentar não ficar tenso demais. A eficiência não é o único critério do sucesso, porque você não deve comprometer a qualidade de uma solução ou decisão. Ao mesmo tempo, a eficiência não é, por exemplo, um elemento de uma conversação pessoal ou algo similar.

Você planeja outras ações, no futuro, sobre o gerenciamento de tempo?

Solkær: Eu também gostaria de acelerar o passo da tomada de decisões e ações. Esse momentum de melhorar as ações tem um impacto de aceleração. Quanto mais decisões você toma, mais momentum cria. Isso estimula o que o cerca e dá origem a bastante energia, muita da qual afeta a nossa cultura.

Você tem uma posição de liderança dentro da companhia. Você planeja influenciar os outros para que eles façam mudanças similares?

Solkær: Como líder, vejo meu papel como alguém que sempre deve melhorar nossa cultura e as formas pelas quais fazemos as coisas. Eu, definitivamente, me vejo como alguém tentando influenciar os outros ao meu redor.

Eu acho que um dos grandes amplificadores de tempo, em potencial, seria reduzir a ortodoxia de onde você trabalha e quantas horas você trabalha. Acho que faria uma enorme diferença se você pudesse eliminar o número de horas que são exigidas para trabalhar – por exemplo, as 37 horas formais na Dinamarca – e em vez disso, apenas focasse nas tarefas que têm que fazer. Qualquer que seja o tempo que economizou, você pode usá-lo como quiser.

Isso poderia liberar muito tempo e estimular a mesma quantidade de criatividade. É claro, isso propõe alguns desafios organizacionais severos e você também irá perder algo quando as pessoas não se encontrarem com tanta frequência. Mas também poderia impulsionar bastante criatividade.

TAREFAS-CHAVE DO CAPÍTULO

- Tire um período regularmente para refletir sobre como você está administrando seu tempo; esteja certo de que você esteja alocando este precioso recurso de forma a maximizar as suas chances de chegar ao sucesso.
- Controle seu tempo; não deixe que os outros o controlem para você.
- Mantenha a Lei de Parkinson em mente e certifique-se que você não está prolongando as tarefas mais do que o necessário. Quando delegar trabalho para os outros, perceba que eles também irão usar o montante integral de tempo para completar a tarefa, então estabeleça *deadlines* realistas, porém curtos.
- Use a Regra do 80/20 para avaliar de onde você retira a maior parte do valor do tempo que gasta. Tome notas de atividades que não o estão impulsionando em direção ao sucesso e as terceirize ou até elimine.
- Impulsione o poder da reflexão solitária; reserve pelo menos uma hora por semana para pensar profundamente em dificuldades específicas.

Capítulo 14
POLINDO A SUA MARCA PESSOAL

EU DIRIA QUE, ATUALMENTE, as suas habilidades não são os bens mais atrativos no mercado de trabalho. Neste mundo competitivo, elas são meras apostas sobre a mesa. A sua carreira hoje não é mais construída em cima do que você sabe ou do que pode atingir. Hoje, as coisas têm muito mais a ver com sua marca pessoal e com sua rede de relacionamentos. Isso é especialmente verdade em um mundo de Inovação Aberta, onde ter uma rede forte e ampla, e ser visto como um líder durão são bens importantes. Eu vou cuidar de relacionamentos no próximo capítulo, mas neste iremos focar em sua marca pessoal.

"Minha marca pessoal? Vamos lá, eu sou quem eu sou", você pode dizer. Errado. Você é quem os outros acreditam que você é, e isso determinará como você pode construir e nutrir os relacionamentos que podem definir a sua carreira e determinar se você atingirá a sua visão de sucesso. Independente de saber ou não, você já tem uma marca pessoal. As pessoas com quem trabalha diretamente e os parceiros que conhece por toda a indústria, todos têm percepções sobre a sua experiência e suas capacidades.

Eu sei que falar sobre a sua marca pessoal é algo controverso e parece muito manipulador em muitos países, apesar de ser menos nos Estados Unidos. Isso cria ainda mais incentivo para nós lidarmos com este assunto de uma maneira direta – com os pés no chão, e aplicados de uma forma prática, ao invés de estratégias gritantes e que estão na moda. Também se torna ainda mais importante que você defina os seus valores porque não há nada mais falso do que uma marca pessoal ou autoidentificação que não seja coerente com seus valores. Eu acho que podemos concordar que a autenticidade, atualmente, é um grande bem com relação a produtos e serviços. O mesmo vale para você.

Uma vez que uma percepção sobre você – sua marca pessoal – tenha sido criada, é difícil mudá-la. Isso funciona positivamente, mas também negativamente, então esteja certo que você está alinhado aos seus valores e planos futuros, quando começar a trabalhar em sua marca.

POR QUE ISSO É IMPORTANTE?

Por que você deveria se importar com sua marca pessoal? Eu aprendi que adicionar foco à sua marca pessoal – e construir relacionamentos que o ajudem a impulsioná-la – é um investimento, não um custo. Isso cria liberdade e novas oportunidades para você fazer aquilo que mais gosta. Se você tem uma marca pessoal forte e positiva, estará mais apto a:

- Receber tarefas interessantes ou mais liberdade para escolher o que gostaria de fazer.
- Receber mais reconhecimento e um pagamento melhor.
- Ganhar mais oportunidades para representar a sua companhia externamente, o que por sua vez pode abrir novas opções para sua carreira, fora de seu emprego atual.

O objetivo de polir a sua marca pessoal é fazer com que os outros comuniquem a mensagem *certa* sobre você e suas competências. Também tem a ver com expectativas, oportunidades e recompensas. Você não pode obter sucesso se não conseguir lidar com expectativas profissionais. As pessoas em sua rede pessoal baseiam suas expectativas em sua marca pessoal, sua personalidade e suas habilidades.

Quando sua rede de relacionamentos é bem desenvolvida, sua marca ajuda a criar oportunidades. Sem oportunidades, sem recompensas. É simples assim; a sua marca pessoal pode definir sua carreira, então por que não tentar fazê-la da melhor forma possível?

Certamente, se você estivesse lançando um novo produto ou serviço, você gastaria um tempo considerável para definir e lapidar a marca. Deve-se fazer a mesma coisa por sua marca pessoal. Você quer ser visível para os executivos seniores e quer que eles entendam o seu conjunto único de habilidades e sua capacidade de ajudá-los a atingir metas corporativas. Você quer se certificar que as pessoas estejam cientes de suas realizações e quaisquer novas habilidades que você obteve, desde que foi contratado. Você quer ser conhecido como alguém que descobre e soluciona problemas, e que seja persistente e disposto a buscar novas oportunidades. Tudo isso pode ser feito sem tornar-se muito egocêntrico ou autopromocional. É claro, é importante lembrar que lapidar a sua marca pessoal não é o bastante. Você precisa continuar a desenvolver o seu conhecimento e outros bens. O desenvolvimento de sua carreira terminará rapidamente se você só pensar em explorar os seus bens (seu conhecimento, marca e rede).

MODELOS EXEMPLARES

Antes de entrarmos em como construir a sua marca pessoal, eu gostaria que você pensasse um pouco em modelos exemplares. Que marcas pessoais você admira em outras pessoas?

Escolha quatro indivíduos que o inspiram e/ou que você admire. Considere e responda as seguintes questões:

- Por que você escolheu exatamente essas pessoas? Liste os valores, qualidades e resultados que essas pessoas atingiram, que o levou a admirá-las.
- O que modelos exemplares significam para você – e para que você pode usá-los?
- Quais palavras-chave você usaria para descrever suas escolhas?

Existe um fio condutor em suas escolhas que apóie e/ou identifique os valores e qualidades que são importantes para você? Fazer essa análise pode ajudá-lo a definir quais qualidades você quer evidenciar em sua marca pessoal.

CRIE A SUA MARCA PESSOAL

Eu trabalho com dois passos fundamentais para a construção de sua marca: criação e comunicação. Ao criar uma marca, aqui estão as partes que você precisa explorar:

1. O futuro. Defina suas metas estratégicas.

2. Você sobre você. Torne seus valores e características claros.

3. Os outros sobre você. Entenda como as outras pessoas veem seus valores e características.

4. Cheque as suas pegadas digitais. Procure-se no Google.

5. Identifique as suas contribuições singulares e defina um enunciado para sua marca pessoal.

6. Conheça seu ambiente. Foque em competidores e influenciadores.

O FUTURO – AS SUAS METAS ESTRATÉGICAS

A parte mais importante de criar a sua marca é algo que eu realmente preciso enfatizar: é necessário que você saiba o que quer atingir com sua marca pessoal. Não há porque começar muitas atividades se você não tem em mente um objetivo final.

Quais são suas metas em curto, médio e longo prazo?

	Curto Prazo (6 – 12 meses)	Médio Prazo (1 – 3 anos)	Longo Prazo (+ que 3 anos)
Metas materiais (seu pagamento, crescimento comercial)			
Metas na carreira (status e autoridade, empregos que deseja, respeito no negócio)			
Metas Pessoais (outras diferentes das metas materiais e de sua carreira)			

VOCÊ SOBRE VOCÊ

Uma vez que você tenha traçado um plano sobre suas metas e uma visão geral das coisas que quer mudar, você deve conhecer seus valores. Se você deu uma olhada na Classificação dos Pontos Fortes do Caráter, mencionada no Capítulo 11, já terá feito uma base importante.

Como você descreveria a sua própria personalidade, valores e talentos?

_____

_____

_____

As questões de 1 – 4 devem ser respondidas com palavras isoladas, não sentenças.

1. Quais traços e valores são mais pronunciados em sua personalidade?

_____

_____

_____

2. O que você considera como seus maiores talentos e qualidades?

_____

_____

_____

3. Quais são seus interesses profissionais?

_____

_____

_____

4. Quais são os seus interesses particulares?

_____

_____

_____

5. Como você descreveria o seu "eu profissional" em uma sentença?

_____

_____

_____

OS OUTROS SOBRE VOCÊ

Você sabe qual é o status atual de sua marca pessoal? Eu sugiro que você dê uma olhada de 360° sobre como você é visto pelas pessoas com quem trabalha e pela sua rede de relacionamentos. Peça para que as pessoas que o conhecem bem lhe deem uma visão verdadeira de como elas o veem. Se não quiser arriscar mexer em suas relações mais próximas, pode fazer isso com um mentor ou um grupo de relacionamentos. Apesar de eles não o conhecerem tão bem quanto seu círculo fechado, ainda irão conhecê-lo bem o suficiente para lhe dar o *feedback* que precisa.

Este *feedback* irá ajudá-lo a identificar qualquer desequilíbrio que exista entre o que acredita ser sua marca pessoal e a forma como as pessoas o percebem. Você também precisa se procurar no Google para ter uma ideia das pegadas digitais que deixou até aqui. Pode ser que você se surpreenda quando fizer isso.

1. Uma vez que obtenha o *feedback* de seus círculos particular e profissional de conhecidos, você deve compará-lo com suas próprias visões. Procure padrões ou certas tendências nas respostas dos outros.

	Traços pessoais e valores	Talentos e qualidades
Respostas próprias		
Respostas dos outros		

2. Escreva quaisquer discrepâncias entre as suas respostas e as respostas dos outros e o que elas significam para sua marca pessoal.

Discrepâncias	Significado para sua marca pessoal

3. Você criou agora uma visão geral de sua marca pessoal na forma de sua personalidade, valores e talentos. Há alguma coisa que você quer apagar, mudar ou adicionar à sua marca pessoal? Se há, como você pode ajustar a sua marca?

Ajustamento	Possível ação

PROCURE-SE NO GOOGLE

Procure a si próprio no Google. Você aparece em páginas inesperadas? Existe algo que o surpreende ou confirma as suas expectativas em relação à sua marca pessoal?

ENUNCIADO DE SUA MARCA PESSOAL

Seu próximo passo é fazer a si próprio uma pergunta realmente difícil. Quais são as coisas que você faz que realmente têm alguma diferença em seu trabalho? Você precisa se concentrar no que realmente o deixa orgulhoso e que você sempre cita quando as pessoas lhe perguntam o que o torna um contribuidor singular. Isso não tem a ver com sua equipe; tem a ver como você, como indivíduo. Fico espantado com a frequência com que as pessoas falam de seus esforços em um time, quando eu tento entender como elas fazem diferença enquanto indivíduos.

Contribuições únicas:

_____

_____

_____

As respostas para as perguntas anteriores nos levam a compreender como você quer ser conhecido. Presumindo que suas respostas estejam alinhadas com suas opiniões e metas, você pode usá-las para criar um enunciado de sua marca pessoal.

Você não deve se vangloriar de que é o maior líder inovador ou empreendedor interno do mundo por que é mais provável que sequer esteja perto. Esse enunciado é simplesmente amplo demais, considerando a quantidade de pessoas que trabalha nesta área.

Você precisa de um nicho mais conciso e específico, e também deve sempre considerar um público específico. Você deve se certificar de que seu nicho esteja alinhado às suas paixões e metas, a fim de ser um reflexo delas e assim, perdurar.

Para sua inspiração, minha marca pessoal é a seguinte: Eu ajudo companhias a identificar e desenvolver pessoas que dirijam a inovação. Uma pessoa, dentro de minha rede de relacionamentos mais ampla, pode dizer que é uma autoridade em inovação dirigida ao usuário dentro de companhias relacionadas à medicina, enquanto outra pode dizer que é uma especialista em criar valores a partir de serviços e conhecimento em companhias com foco em produtos. Qual é o enunciado de sua marca pessoal?

Enunciado de sua marca pessoal:

_____

_____

_____

CONHEÇA O SEU AMBIENTE

Pessoalmente, eu não me importo muito com a competição porque acredito ser mais importante o valor que posso dar aos membros de minha rede de relacionamentos e clientes, do que os chamados "meus concorrentes" podem fazer.

Contudo, isso é um pouco diferente em uma grande organização porque você sempre tem que lutar por recursos, atenção e promoções. Entretanto, por mais que eu gostaria que você não visse seus colegas como competidores cruéis, você ainda deve ter conhecimento – e em alguns casos mapear e observar – da posição e influência que seus competidores externos ou colegas têm na organização. Desnecessário dizer que você deve fazer o mesmo com as pessoas que podem influenciar – positiva ou negativamente – a sua estrada rumo ao sucesso.

Tente compreender as pessoas que está analisando, particularmente no tocante ao status formal e informal delas, dentro da organização. Elas são líderes somente no papel formal da empresa ou elas conseguem criar um grupo de seguidores ao seu redor? Elas são visíveis à organização? São boas palestrantes, escritoras e se relacionam bem com a rede conectada?

Agora, tente este exercício com três pessoas. Então comece a observar o que acontece na organização e adicione outras pessoas à sua lista quando elas o inspirarem ou quando alguém tiver oportunidade ou uma promoção que o surpreenda.

Você também deve considerar aplicar isso ao ecossistema em sua indústria, porque isso o ajudará a obter um entendimento melhor das dinâmicas, o que pode abrir seus olhos para oportunidades que ainda não tenha visto.

Pessoas a observar	Status	Visibilidade	Redes	Outras observações

Você precisa considerar as pessoas que precisa em sua rede e as pessoas que podem ter uma influência negativa em sua carreira. Quem são elas? Por que elas são importantes? Como um relacionamento pode valorizar a ambos? Como você pode contornar uma influência negativa? Quando suas metas mudarem, tente fazer isso com perspectivas em curto, médio e longo prazo. Tente este exercício com três pessoas e, se possível, tente selecionar uma pessoa para uma perspectiva em curto, médio e longo prazo.

Quem	Por que	Como

COMUNIQUE A SUA MARCA PESSOAL

A segunda chave para construir a sua marca pessoal está em comunicá-la, e aqui eu gostaria de apresentá-lo para o guru da administração e autor, Tom Peters. Ele cunhou o termo *marca pessoal* mais de uma década atrás, quando escreveu um artigo chamado "A Marca Chamada Você", para a revista *Fast Company*.[1]

Tom Peters diz que tudo importa. Quando você está promovendo a sua marca pessoal, tudo o que faz – e tudo o que opta por não fazer – transmite o valor e a característica de sua marca. Todas as coisas, desde a forma como você lida com conversas ao telefone, às mensagens de *e-mail* que envia, à forma como conduz reuniões de negócios, tudo faz parte da mensagem mais ampla que está enviando a respeito de sua marca.

De acordo com Tom Peters – e eu concordo – a chave para qualquer campanha de marca pessoal é o boca a boca. Sua rede de colegas, amigos e clientes são o veículo de marketing mais importante de que você dispõe; o que dizem sobre você e suas contribuições é o que o mercado irá finalmente estimar sobre sua marca. Então o grande truque para construí-la é encontrar formas de nutrir a sua rede de colegas – de forma consciente.

Nós iremos entrar mais na rede de relacionamentos em um nível pessoal no Capítulo 15. Por hora, eu irei apresentá-los para um número de ferramentas de comunicação baseadas em quatro categorias: desempenho, escrita, fala e encontro.

Desempenho. É como você faz seu trabalho. Você pode chamar isso de pré-requisito para tudo o mais porque se você não tiver um bom desempenho, todo o resto não importa. Você não pode esconder a incompetência ou um desempenho fraco por muito tempo.

A chave de sua performance para a marca pessoal é ser notado por aquilo que você faz, ao deixar um rastro individual em todos os trabalhos de equipe e se certificar de que está recebendo o crédito apropriado pelo seu trabalho individual. Eu não sugiro que você deva extrapolar cada vez que estiver envolvido em um projeto, para clamar pelo crédito que merece, mas você deve observar se as pessoas-chave reparam em suas contribuições. Se não, você deve avaliar a situação e encontrar formas de fazer a coisa acontecer. Mais importante ainda, você deve observar se essa é uma ocorrência comum. Se for, é por que você não clama o crédito ou por que seus colegas e gerentes tendem a deixá-lo completamente para trás e assumirem o crédito?

Como Tom Peters coloca: "A chave para aumentar seu poder é reconhecer o simples fato de que agora vivemos em um mundo projetado. Quase todo trabalho hoje é organizado em pequenos pacotes chamados projetos. Um mundo baseado em projetos é ideal para fazer sua marca crescer: os projetos existem em torno de coisas que possam ser cumpridas, criam coisas mensuráveis e o deixam com as realizações. Se você não gastar pelo menos 70 % de seu tempo trabalhando em projetos, criando-os ou organizando as suas (aparentemente mundanas) tarefas dentro deles, você está infelizmente vivendo no passado. Hoje você pensa, respira, age e trabalha em projetos".[2]

Escrita. Talvez a melhor ferramenta para comunicar a sua marca pessoal seja a escrita, que oferece muitas opções, como as colunas em jornais, *newsletters* e revistas, mídia que seja interna em sua companhia, assim como a externa. O mundo digital lhe dá oportunidade de criar um blog no qual você pode mostrar a sua especialidade em tópicos de sua escolha. Alguns anos atrás, parecia que todo mundo estava se apressando para começar um blog, mas muitos desses esforços caíram por terra, tornando mais fácil para se estabelecer no mundo de hoje dos blogs. Contudo, leva muito tempo para construir um público fiel e você precisa escrever conteúdo original frequentemente – no mínimo, uma vez por mês.

Fala. Você é um palestrante natural? Então deveria desenvolver essas habilidades ainda mais e começar a construir uma gama de conteúdo sobre a qual possa falar. Você também pode desenvolver vários formatos, indo de uma conversa no almoço, até um *workshop* de um dia de duração. Assim como ocorre com a escrita, esta também é uma oportunidade para exibir a sua especialidade. Uma vez que você tenha conteúdo que os outros apreciem, deve buscar oportunidades para falar. Além de oportunidades internas, pode procurar grupos de redes com interesse em seus tópicos. Conferências em indústrias, normalmente, buscam novos palestrantes, especialmente pessoas que trabalham em companhias, ao invés de consultores, então dê uma olhada no website delas e procure por pedidos por palestrantes.

Encontro. Você é bom com pessoas? Então deveria desenvolver as suas habilidades de conexão e comunicar sua marca pessoal através de interações com os outros. Torne-se conhecido como a pessoa que entende muito a respeito de determinado tópico, e não fique tímido com oportunidades para ajudar e conectar outras pessoas. Você não deve se limitar a somente comparecer aos eventos. Há muitas oportunidades para receber convidados em eventos nos quais você pode controlar o conteúdo e se aproximar dos palestrantes convidados e dos participantes. Isso pode ir de jantares informais até *workshops* ou conferências.

Uma combinação dessas ferramentas de comunicação seria o melhor para conseguir que as outras pessoas falem sobre você da forma correta. Se você fizer isso, irá construir o que Tom Peters chama de "poder reputacional". Como ele diz, "se você fosse um acadêmico, mediria isso pelo número de vezes que suas publicações são citadas por outras pessoas. Se fosse um consultor, mediria pelo número de CEOs que gravam os cartões comerciais que você lhes passa em seus índices de cartões*".[3]

Você já deve ter percebido que esses passos também podem ser usados para a marca de uma equipe. Então você poderia realmente completar a todos, fazendo o que você faz de melhor. Como membro de uma equipe, você ainda precisa construir a sua marca pessoal, estando ciente de como fazer parte de uma equipe ruim afeta a sua habilidade pessoal de seguir em frente.

UM EXERCÍCIO

Vamos fazer um pequeno exercício. Pense em uma iniciativa ou projeto em progresso ou que está prestes a ser iniciado, na qual você também possa trabalhar na comunicação de sua marca pessoal. Escreva abaixo uma descrição curta do projeto ou da iniciativa.

Como você pode usar essa iniciativa para comunicar a sua marca pessoal? Quais ferramentas pode usar?

AVALIE E EVOLUA

Eu mencionei que há dois passos principais para a construção de sua marca pessoal. Aqui está o segundo. Você também precisa continuar desenvolvendo a sua marca pessoal e avaliando seus esforços. Comece determinando o que quer atingir, e então estabeleça métricas que irão permitir que você tenha a medida de seu progresso. Métricas podem ser o número de características que você escreve, o número de artigos

---

* No original, *Rolodexes.* (N.T.)

que mencionam seu nome, o número de páginas mostrado no Google, o número de pessoas que procuram por seu conhecimento, e assim por diante. Decida-se sobre apenas algumas métricas e tente rastreá-las por três meses, então as reavalie.

Você também deve buscar o *feedback* de outros. Isso pode ser um grupo de confiança e/ou um treinador ou mentor que possa observar seu desenvolvimento. Você precisa se certificar de que essas pessoas realmente estão lhe dando um *feedback* honesto sobre seu desempenho.

Quando sentir que está no rastro certo com o *feedback* que receber dos outros e com as métricas que decidiu seguir, você deve estabelecer novas metas para a sua marca pessoal e garantir que haja uma contínua evolução. Lembre-se que a sua futura marca pessoal está ligada às metas que você definiu como sendo sucesso para si.

Vamos terminar com Tom Peters, que concluiu seu artigo com a seguinte afirmação: "É simples assim: Você é uma marca. Você está encarregado de sua marca. Não existe apenas um caminho para o sucesso. E não existe só uma maneira correta para criar a marca chamada Você. A não ser: Comece hoje". Eu acho que isso é verdade.

Nós já falamos sobre conexões e relacionamentos e como ambos interagem com a Inovação Aberta e a sua marca pessoal. No próximo capítulo, eu irei me aprofundar mais sobre como você pode usar as suas conexões e relacionamentos para atingir suas metas. Espero que todo esse foco em conexões possa fazer com que você partilhe deste meu firme entendimento de que saber lidar com as redes de relacionamentos são uma importante habilidade que pode ser aplicada para muitas funções, e por diversos motivos.

TAREFAS-CHAVE DO CAPÍTULO

- Todos têm uma marca pessoal; assumir o controle de sua marca cria liberdade e oportunidades, e é imperativo para que você alcance suas metas.
- Analise as pessoas que o inspiram a fim de entender quais são os aspectos desses modelos que talvez você queira trazer para a sua marca pessoal.
- Os dois principais passos para você desenvolver a sua marca pessoal são criá-la e então comunicá-la.
- Para desenvolver a sua marca pessoal defina as suas metas estratégicas, analise seus valores e características, peça por *input* sobre sua marca àqueles que lhe são próximos, cheque as suas pegadas digitais e identifique as suas contribuições únicas. A partir dessas informações, você pode construir um enunciado de sua marca pessoal que serve como sua "abordagem de 1 minuto" pessoal.
- É importante conhecer o ambiente no qual sua marca pessoal opera ao focar nos competidores e influenciadores.
- Desempenho, escrita, fala e encontro são ferramentas essenciais que você deve usar para comunicar a sua marca pessoal.

NOTAS

1. Disponível em: http://www.fastcompany.com/magazine/10/brandyou.html?page=0%2C1.

2. Ibid.

3. Ibid.

Capítulo **15**
FORTALECENDO A SUA REDE

QUERO QUE VOCÊ PENSE E REFLITA sobre as redes de relacionamentos e o valor que elas têm para você, em termos de ampliar sua habilidade de ser um líder mais forte, em um ambiente de Inovação Aberta, e para levá-lo mais próximo do sucesso. Deixe-me começar partilhando a minha própria história e experiências:

Ajudar os outros a se conectar e criar valor através de relacionamentos é uma grande paixão que tenho. Ela começou no final dos anos 90, quando encontrei Julie Meyer, uma americana que estava em Londres e sentia falta da rede que tinha em seu país. Isso a motivou a começar a Primeira Terça, que era uma organização de redes conectadas que procurava ajudar empresários relacionados a TI a alcançarem os negócios de seus sonhos. Em 18 meses, a Primeira Terça cresceu de um coquetel em um bar em Londres, para 150.000 membros, em seis continentes. Eu abordei Julie Meyer antes que a coisa realmente decolasse. Nós tivemos um bom entrosamento e pudemos interagir mutuamente. Não muito tempo depois, eu era o cabeça da organização dinamarquesa, a qual ajudei a construir, aumentando de uma equipe de sete membros para mais de 4.000. Também ajudei a construir a região nórdica e fiquei próximo aos nossos quartéisgenerais em Londres. Isso me forneceu uma rede de relacionamentos incrível dentro do empreendedorismo e do capital de risco.

Alguns anos depois, todo mundo estava falando sobre nanotecnologia. Rapidamente descobri que Tim Harper era o Sr. Nano na Europa. Convidei-o para ir à Dinamarca para um *workshop* e o apresentei a pessoas importantes. Nosso relacionamento se desenvolveu, e logo eu estava no quadro de um projeto ambicioso para criar uma ampla rede de nanotecnologia europeia. Ela acabou sendo muito ambiciosa e após algum tempo, eu retornei aos meus projetos. Apesar disso, durante o tempo em que fiquei envolvido, havia construído uma rede de nanotecnologia de alto nível, e adicionei novos ângulos à minha marca pessoal como resultado da segurança que adquiri durante o projeto Primeira Terça.

Outro grande especialista em rede é meu bom amigo, Kenneth P. Morse, que é uma pessoa bastante fundamental para o ecossistema comercial de Boston, Massachusetts, como diretor administrativo do Centro de Empresariado MIT. Ele também é o maior especialista em redes de relacionamentos que já conheci. Ele é fantástico em criar – e manter – relacionamentos de uma maneira que agregue valor para todos os envolvidos; eu apresentei Ken para o sistema dinamarquês e, apesar do fato de que mais atividades pudessem ter sido desenvolvidas, estou satisfeito em ver o impacto que Ken e o MIT tiveram sobre tantas pessoas na Dinamarca.

Você também pode se perguntar como se conectar com alguém que é tão mais influente do que você mesmo. Meu melhor conselho é que você brinque com o índice de cartões, com a carteira e o ego deles. Você pode ajudá-los a entrar em contato com os influenciadores locais de seu país dentro de um determinado campo? Pode ajudá-los a fazer dinheiro? Organizar um *workshop* ou um evento é uma ótima ferramenta para fazer isso, o que também permite que você entre em contato frequentemente com esses influenciadores, durante toda a organização do evento. Estabelecer oportunidades seguras para os influenciadores produz um estímulo extra para o ego.

O elo comum que está em toda a minha experiência com redes de relacionamentos é que eu apanhei assuntos sobre os quais estava realmente interessado e que ao mesmo tempo apresentavam oportunidades comerciais interessantes. Então, eu identifiquei as pessoas fundamentais dentro daquelas áreas e me conectei a elas, certificando-me de que tinha algo a lhes oferecer em troca. O ponto importante é que você deve se envolver com um trabalho que realmente seja de seu interesse e que comece a mapear o ecossistema e as pessoas que o dirigem. Se você puder se conectar com apenas algumas dessas pessoas – os influenciadores – dentro de qualquer área:

- Você terá chances muito melhores para se desenvolver em todos os níveis.
- O seu conjunto de habilidades crescerá porque você está fadado a aprender coisas novas com essas pessoas.

- A sua marca pessoal será ampliada ao se associar com as pessoas certas, e, a partir disso, se tornará ainda mais fácil entrar em contato com outras pessoas, ainda melhores.
- Novas oportunidades cruzarão seu caminho, e a sua companhia também receberá muitas outras novas oportunidades, o que cria uma situação de ganho para todos os envolvidos.

Além de criar relacionamentos com os influenciadores, você também deve estar ciente do que esta atividade fará com sua reputação dentro da companhia. Se fizer isso por vários anos, as pessoas começarão a vê-lo como alguém que é bem conectado e influente dentro de seu campo de escolha e nicho. Você terá ampliado a sua marca pessoal.

Todos já experimentamos como ter os relacionamentos certos , mas a visibilidade associada pode ter funcionado para os outros, às vezes em seu próprio detrimento. Você já se perguntou, "Por que meu colega Pedro conseguiu o trabalho ao invés de mim? Eu sou bem mais qualificado." Sim, talvez você tenha as melhores habilidades e mais experiência, mas será que tem os relacionamentos que podem fazer com que essas habilidades funcionem? E você construiu relacionamentos que tornem essas qualidades visíveis para as pessoas que tomam as decisões em sua companhia? Pedro tem essa cobertura, o que lhe dá vantagem no que tange a avanços e novas oportunidades.

Vamos dar uma olhada no que você deve que saber para conseguir essa vantagem.

TRÊS TIPOS DE REDES

Quando você planeja sua abordagem para construir uma rede de relacionamentos eficiente, é importante perceber que, na verdade, são necessários três tipos diferentes de redes. Escrevendo para a *Harvard Business Review*, Herminia Ibarra e Mark Hunter identificaram três formas de redes de relacionamentos, baseando-se em seus estudos com 30 líderes emergentes:

- Rede de relacionamento operacional.

   Voltada para tornar a tarefa designada a alguém, mais eficiente. Quando em modo operacional, você irá cultivar relacionamentos com indivíduos cujos papéis fazem deles colaboradores no trabalho que estiver tentando realizar.

- Rede de relacionamento pessoal.

  Isso envolve engajar-se com pessoas de fora da organização para aprender a encontrar oportunidades para avanço pessoal.

- Rede de relacionamento estratégica.

  Esta é uma rede feita a serviço das metas comerciais. Neste nível, você cria uma rede que irá ajudá-lo a descobrir e capitalizar novas oportunidades para sua companhia. A habilidade de se mover para este nível de rede acaba sendo um teste primordial para a liderança.[1]

Ibarra e Hunter resumem no seguinte gráfico.[2]

	Operacional	Pessoal	Estratégico
Objetivo	Ter o trabalho feito com eficiência; manter as capacidades e funções necessárias ao grupo.	Aumentar o desenvolvimento pessoal e profissional; dar orientação para informações úteis e contatos.	Descobrir as prioridades futuras e desafios; obter suporte para os colaboradores.
Orientação local e temporal	Contatos são em sua maioria internos e orientados para as demandas atuais.	Contatos são em sua maioria externos e orientados para interesses atuais e possíveis interesses futuros.	Contatos são internos e externos e orientados para o futuro.
Jogadores e Recrutamento	Contatos-chave são geralmente não-arbitrários; eles são prescritos principalmente pela tarefa e estrutura organizacional, então é bastante claro quem é relevante.	Contatos-chave são em sua maioria arbitrários; não está sempre claro quem é relevante.	Contatos-chave seguem o contexto estratégico e o ambiente organizacional, mas a sociedade específica é arbitrária; não fica sempre claro quem é relevante.
Atributos de rede e relacionamentos-chave	Profundidade: construir relacionamentos fortes.	Largura: fazer contatos que podem criar referências.	Impulso: criar links dentro-fora.

MAXIMIZE OS SEUS ESFORÇOS DE REDE

Enquanto você trabalha para construir as suas redes operacionais, estratégicas e pessoais, aqui vão diversas dicas sobre como maximizar a efetividade de seus esforços de rede:

- Somente estabeleça uma rede se tiver um objetivo.

  Eu realmente encorajo você a não escutar as pessoas que dizem que você deve se conectar com todo mundo que estiver à sua vista, para não arriscar perder qualquer oportunidade. Você já é ocupado e o tempo é o que tem de mais precioso, então não o gaste em atividades que não sirvam a um propósito maior. Isso também serve para os grupos de redes, que podem ser bastante úteis. Entretanto, você só deve se juntar a um grupo se tiver um propósito. Também está tudo certo deixar o grupo, assim que o objetivo for alcançado.

- Aprenda a "virar o interruptor" – mesmo que você seja introvertido.

  Algumas pessoas acreditam que somente os extrovertidos podem se tornar bons em relacionamentos com redes. Entretanto, os psicólogos classificam os introvertidos como pessoas que obtêm energia ao estarem sozinhas. Não importa o quão tímidos essas pessoas possam ou não ser. Isto é verdade no meu caso. Eu me classificaria como introvertido. Eu gosto de estar comigo mesmo. Não tenho problema algum em encontrar outras pessoas, mas prefiro estar só ou com minha família. Meu truque, e o truque que introvertidos devem usar, é que eu consigo girar o interruptor e entrar no modo de relacionamento. Aprendi técnicas para me relacionar com redes e acredito que a necessidade de ter que trabalhar mais do que os extrovertidos por natureza me tornaram um profissional melhor nessa área.

  Você pode se tornar uma pessoa mais bem conectada ao investir em um maior conhecimento de como a sua rede funciona e como pode usá-la para ir ao encontro de suas metas. Deixe-me dividir algumas dicas de como virar o interruptor antes de ir a um evento ou conferência:

  ✓ Faça sua pesquisa antes de ir a um evento. Saiba quem encontrará e se prepare.

  ✓ Todos buscam conexões acima de si, quando estão em redes de relacionamentos. Se as pessoas com quem quiser se conectar o virem como um "inferior", elas pensarão que você está desperdiçando o tempo delas. Contudo, a maioria é educada e lhe dará um minuto. Então, tenha a sua abordagem preparada para tirar o máximo de sua breve oportunidade. Se estiver pronto, as coisas fluem bem mais fáceis, mesmo para introvertidos.

✓ Faça o acompanhamento necessário, assim que possível.

- Impulsione o poder dos "seis graus de separação" para chegar a qualquer um no mundo.

  Isso se refere à ideia de que um indivíduo está a um passo de distância de cada pessoa que ele conhece e dois passos de distância de cada pessoa que é conhecida por uma das pessoas que ele conhece, então todos estão a uma média de seis passos de distância uns dos outros no planeta Terra. Pense em alguém que possa realmente influenciar a sua carreira e veja quantos passos seriam necessários para se conectar com essa pessoa. Frequentemente, você se surpreenderá ao ver que não precisa de seis passos; normalmente isso é algo que pode ser feito com apenas três ou quatro conexões.

Veja como isso funciona em termos de redes de relacionamentos. As redes associam as pessoas que partilham dos mesmos valores ou de uma mesma especialidade. O grupo mais amplo, em geral, só tem algumas pessoas que se conectam com o exterior do grupo; essas pessoas são os corretores, ou construtores de pontes, que conectam grupos com outros grupos. O papel dos corretores explica como os seis graus de separação funcionam. Se você se conectar com um construtor de pontes, essa pessoa irá então se conectar com outro construtor de pontes, e assim por diante, até que você chegue à pessoa de quem precisa. Você pode se tornar bastante valioso ao se tornar um construtor de pontes. Fora isso, conectar os outros cria fricção, que gera novas formas de pensar e prosperidade, então para os líderes inovadores e empreendedores internos, tornar-se um corretor pode ser algo particularmente valioso ou excitante.

- Use ferramentas virtuais.

  Um número crescente de ferramentas e serviços *online* parece tornar os relacionamentos tão mais fáceis. Cuidado: isso é um engano. Muitas pessoas me dizem que conseguem ver como obter valor das ferramentas virtuais, mas isso parece gerar uma lacuna. A geração mais jovem de trabalho usará ferramentas de redes sociais em todos os aspectos de seus trabalhos, assim que puderem. Pessoas com 28 anos e acima disso precisam considerar que tipo de impacto isso terá nos anos futuros.

Eu uso o LinkedIn, a maior rede comercial *online* que existe, que é ótima para administrar a minha rede de relacionamentos, apesar de eu não ter agregado muito valor, exceto ser capaz de chegar além de meus próprios contatos. Entretanto, a adição de ferramentas como Q&A e os Grupos tornaram mais válido passar um tempo no LinkedIn, já que se podem obter boas oportunidades para aprender coisas novas e partilhar seus próprios *insights*.

- Entenda a liderança formal e informal nas redes.

Você precisa conhecer os influenciadores que não fazem parte do gráfico formal da organização. Essas são as pessoas que têm uma influência desproporcional sobre as outras. Elas são especialmente importantes em programas de mudança corporativa ou para construir uma cultura de inovação. Conheça os poderes por trás do poder, em qualquer rede formal que se aliar.

- Razões, perguntas e conversa.

Prepare motivos para entrar em contato com as outras pessoas. Isso vale para ambos os lados. Uma vez que ocorra uma interação como um breve encontro ou o final de uma reunião, você deve sempre se lembrar de perguntar para as pessoas como pode ajudá-las e deixar que essas pessoas saibam de quais formas elas podem ser capazes de ajudá-lo. Nada acontece, se você não perguntar.

- Fale – escreva – encontre.

Qual comunicação "média" você irá usar para construir a sua marca e redes? Algumas pessoas são ótimas palestrantes, enquanto outras são ótimas em se relacionar com os outros. Considere o trabalho em equipe com outros para cobrir todos os aspectos. Isso é especialmente relevante se você estiver trabalhando em uma equipe na qual possa aplicar muitas das ideias do capítulo anterior, a qual podemos chamar de marca de uma equipe.

ANÁLISE DA REDE PESSOAL

Eu cheguei à conclusão de que a melhor maneira para ajudar os outros a desenvolverem as suas habilidades com redes de relacionamentos é focar em casos reais nos quais eu – e os outros participantes, se for um *workshop* – possamos ajudar com sugestões sobre como lidar com as dificuldades presentes em se conectar. Treinar outras pessoas por um longo período de tempo é, na verdade, a melhor maneira para ajudar os outros a desenvolverem suas habilidades. Eu uso a análise pessoal de rede a seguir para ajudar os participantes a entenderem melhor as suas redes.

Primeiro, na coluna Nomes, escreva o número de 20 pessoas para quem você pede informações ou ajuda para resolver problemas ao se conectar em seu trabalho. As pessoas não precisam ter uma conexão direta com sua esfera de trabalho.

A seguir, considere os tipos de conhecimento e especialidade (C/E) que você precisaria acessar a fim de atingir seus objetivos. Escreva os tipos de conhecimento e especialidade e transfira os diferentes tipos para a coluna horizontal (C/E 1 – 8).

Especifique quais pessoas você contata para quais tipos de especialidade. Termine resumindo o número total de tipos de especialidade para cada pessoa (horizontalmente) e o número total de cada tipo de especialidade (verticalmente).

| Especialidade | C/E | C/E | C/E | C/E | C/E | C/E | C/E | C/E | Total |
Nomes	1	2	3	4	5	6	7	8	
1.									
2.									
3.									
4.									
5.									
6.									
7.									
8.									
9.									
10.									

11.									
12.									
13.									
14.									
15.									
16.									
17.									
18.									
19.									
20.									
Total									

USE A REDE: INFLUÊNCIA E AÇÃO

Você é muito dependente de um pequeno número de pessoas? A sua rede tem carência em áreas que são importantes para você? Se sim, o que pode fazer para mudar isso?

Influência	Possível Ação

Agora você chegou ao projeto final para impulsionar o poder de sua atual rede de relacionamentos e para construir e fortalecer redes, de forma que a força delas se equiparem à sua visão de sucesso.

REDE DE TRABALHO NO MUNDO REAL

Nesta entrevista, Lars Hinrichsen trabalhava como Diretor Sênior de Projetos de Inovação para a Chr. Hanses, quando partilhou suas visões comigo sobre redes de relacionamento e como isso refletia em seu trabalho. A Chr. Hanses é uma líder mundial no desenvolvimento de soluções com ingredientes naturais como cultivos, enzimas e cores. Posteriormente, Lars Hinrichsen foi nomeado CEO do Instituto Dinamarquês de Pesquisa da Carne. Em parte, esta promoção veio como resultado da criação de uma boa marca pessoal, dentro da indústria alimentícia dinamarquesa.

O que é preciso para trabalhar bem com redes?

Hinrichsen: Eu vejo os relacionamentos em redes muito como algo do tipo "dê e pegue" e isso requer que você esteja disposto a se abrir. Quando você se abre e oferece algo em uma situação particular, também obterá a oportunidade de permitir que outras pessoas o ajudem em situações particulares.

Outro fator importante é que você precisa construir relacionamentos com outras pessoas. Nas redes, há um elemento social muito forte e você precisa se qualificar para certo nível de confiança. Também é importante que exista algum tipo de plataforma em comum ou o que você poderia chamar de missão para a rede ou para o relacionamento. Você precisa se relacionar com isso e ser capaz de contribuir.

Como você define a sua rede em termos de tamanho e proximidade?

Hinrichsen: Ela muda com o tempo e foi somente nos últimos anos que eu comecei a pensar nela como uma rede. Você também poderia dizer que a minha rede consiste principalmente de três partes: Uma rede técnica, uma de liderança e outra social. Tendo um *background* de pesquisa, a minha rede técnica é provavelmente a maior e mais global. Minha rede de liderança é muito mais pessoal e foi construída, ao longo dos anos, com relações diferentes com colegas de várias posições de trabalho e parceiros comerciais. A rede social é composta de amigos e familiares.

Você faz parte do quadro da organização Alumni da escola de seu MBA. Por que se juntou a essa organização? Com quais tipos de dificuldades você está tendo que lidar na organização?

Hinrichsen: Eu fui incentivado a me juntar a este quadro, após a graduação. Então, comecei com uma mente bem aberta e vesti as luvas de trabalho, pronto para assumir meu cargo. Três anos depois, ficou claro que o objetivo principal é criar uma estrutura de trabalho frutífera para a Alumni, no que diz respeito a redes de relacionamentos. Isso evoluiu especialmente a partir de fóruns de alta qualidade, baseados em eventos noturnos da companhia e debates subsequentes.

Na verdade, uma das dificuldades é encontrar um bom equilíbrio entre as redes e a educação pós-MBA. Nós, provavelmente, temos nos fixado demais na parte educacional, mas não estamos suficientemente cientes da parte de relacionamentos.

Você pertence a outros grupos de redes? Se sim, quais são eles e o que você obtém dessa interação?

Hinrichsen: Como você sabe, eu estou em um de seus grupos dinamarqueses para líderes inovadores. Também participei recentemente da "Mesa Redonda da Inovação" que é uma iniciativa escandinava da Escola Comercial de Copenhagen; também estou em algumas poucas redes técnicas.

INTRAP é uma rede profissional focada em liderança inovadora, e eu aprendi muito com os desafios e soluções apresentados por outras companhias. Não sou tão ativo nas redes técnicas, que tem mais a ver com se manter atualizado na área de tecnologia alimentícia, na Europa.

Quais são os desafios que você encara ao utilizar sua rede?

Hinrichsen: Eu não me considero um usuário de redes particularmente bom, mas quero aprender e me tornar cada vez melhor nessa habilidade. Sempre admirei pessoas que têm esse talento.

O que especificamente torna difícil para você ser um bom usuário de redes?

Hinrichsen: Acho que depende muito de quem você é como pessoa. Acho que posso descrever melhor minha situação com a "síndrome da recepção". Nesses eventos, eu simplesmente não sei o que fazer comigo e não consigo sugerir alguma coisa interessante a ser dita ao meu respeito. Talvez você conheça essa sensação. Você deve se misturar e ser apresentado para pessoas diferentes. Mas como fazer isso? Acho que em uma rede, você deve quebrar a barreira e perceber que as pessoas com quem está se encontrando, gostariam também de conhecê-lo, e ainda mais importante, que está tudo bem se você passar rapidamente para a próxima apresentação. Na verdade, eu uso a oportunidade para exercitar essas dinâmicas quando vou a recepções.

Você pode dar exemplos de como as outras pessoas pediram sua ajuda? Ou situações nas quais você contribuiu muito?

Hinrichsen: Normalmente, está relacionado com direcionar as pessoas que podem ajudar àquela que está precisando de ajuda. Em outros casos, eu tive a competência necessária em uma situação em particular. Isso, normalmente, tem a ver com dar um *feedback* qualificado para os problemas. O mundo científico tem muito a ver com redes de relacionamentos e a revisão por seus pares, então, acho que faço parte disso.

Você pode dar exemplos de como usa a sua rede e seus relacionamentos para objetivos estratégicos em longo prazo? Isso pode incluir trabalho e também desenvolvimento da carreira.

Hinrichsen: Nas diversas posições de trabalho que já tive, sempre tentei construir relacionamentos com meus pares em outras companhias. Você aprende bastante com isso. Tive boas experiências, especialmente ao trabalhar mais estrategicamente em casos nos quais tive que navegar sob mudanças regulamentadas ou novas situações políticas.

Você pode dar um exemplo específico disso?

Hinrichsen: É difícil entrar em detalhes. Mas a introdução de uma nova legislação sobre alergias na União Européia, com certeza, fez com que eu ativasse a minha rede. Neste caso, não tinha a ver com o aspecto do *lobby*, mas sim tinha uma maior relação com a maneira com que as outras companhias lidavam, na prática, com uma situação legal nova e bastante complicada, sem sobrecarregar toda a cadeia de suprimentos.

Sobre o desenvolvimento da carreira, devo admitir que não tenho sido muito consciente sobre o assunto no que diz respeito à minha rede.

Qual você acredita ser a má interpretação mais comum das redes de relacionamentos?

Hinrichsen: Falar sobre redes de relacionamentos é algo bastante popular hoje em dia. Pode ser uma má interpretação de que por estar na rede certa, tudo irá fluir bem para você. Tudo sempre começa com você e o que pode oferecer. Dê uma olhada no espelho e se pergunte "Por que alguém me convidaria para fazer parte de uma rede?".

TAREFAS-CHAVE DO CAPÍTULO

- Aceite a realidade de que no mundo comercial de hoje, redes de relacionamentos são ferramentas essenciais para se tornar o melhor líder inovador que você puder ser.
- Escolha oportunidades para se relacionar que tenham a ver com assuntos de interesse significativo para você e que também apresentem oportunidades comerciais interessantes.
- Desenvolva redes operacionais, pessoais e estratégicas.
- Só se envolva com uma rede se tiver um objetivo.
- Perceba que ser introvertido não o impede de ser um usuário extrovertido de redes.
- Impulsione o poder dos "seis graus de separação" para adicionar pessoas importantes à sua rede.
- Use ferramentas virtuais para ampliar o alcance de sua rede.
- Faça uma análise pessoal de sua rede para criar um projeto que impulsione seu poder e estabeleça metas que fortaleçam a rede ao longo do tempo.

NOTAS

1. IBARRA, Herminia; HUNTER, Mark. How Leaders Create and Use Networks. *Harvard Business Review*, 01 jan. 2007.

2. Ibid. (Reimpresso com a permissão de Harvard Business Publishing)

Capítulo **16**
VENDA A SUA VISÃO E AS SUAS IDEIAS

COMO UM LÍDER INOVADOR, você sempre precisa ter algo para vender. No final, pode ser um produto ou um serviço, mas durante o desenvolvimento do que irá gerar sua renda, é preciso que você venda a sua visão para colaboradores internos e externos. Neste capítulo, iremos dar uma olhada em como você irá comunicar essa visão:

- Desenvolvendo uma relação proposta que possa ser adaptada para vários colaboradores.
- Capturando a própria essência da relação proposta, em uma breve "abordagem de 1 minuto", que esteja focada nos destinatários da mensagem.

Geoffrey Moore é um consultor que mora em Sillicon Valley, autor do agora clássico livro *Cruzando o Abismo,* onde descreve as dificuldades que novos produtos ou serviços encaram quando são trazidos ao mercado e, mais importante, oferece estratégias sobre como superar essas dificuldades. Vamos dar uma olhada em algumas das ideias dele:

A RELAÇÃO PROPOSTA

Em *Cruzando o Abismo*, Moore usa o termo "relação proposta" como uma maneira para descrever aquilo que escolhemos entre o que nos é apresentado para considerar, incluindo não escolher coisa alguma, se aquilo não for melhorar a nossa atual situação. A relação proposta apresenta formas pelas quais nós podemos usar nosso tempo, energia e recursos, na busca de nossas metas. Nossa tarefa é avaliar se uma relação proposta é melhor do que aquilo que já estamos fazendo ou se é a melhor, entre outras propostas valiosas disponíveis. Saber o que constitui uma relação proposta nos orienta em nossa avaliação das diversas alternativas.

Moore descreve seis elementos que são necessários para comunicar uma relação proposta eficiente. Os elementos são:

1. Para (cliente alvo).
2. Quem é/quer/precisa (declaração das necessidades ou oportunidades, ou uma razão convincente para comprar).
3. O (nome do produto) é um (categoria do produto).
4. Que (declaração dos benefícios principais).
5. Diferente da (principal alternativa concorrente).
6. Nosso produto (principal declaração da diferenciação).

Para criar um exemplo de como uma relação proposta deve se parecer, baseada nesses seis elementos, Moore usou a entrada em Hollywood da companhia de alta performance Silicon Graphic:

- Para engenheiros de pós-produção de filmes que estejam insatisfeitos com as limitações de editores de filmes tradicionais, nossa estação de trabalho é um editor de filmes digital, que permite modificar a imagem da forma como quiser.
- Diferente das estações de trabalho da Sun, HP ou IBM, nós reunimos todas as interfaces necessárias para a edição durante a pós-produção de um filme.[1]

Moore sugere esta abordagem porque ela permite que você conduza todos os aspectos importantes, sem fornecer informações demais. Ela também o capacita a explicar o seu produto ou serviço em poucas sentenças. A ideia é que você possa transmitir sua mensagem para os outros em 60 segundos ou menos; eles irão se lembrar da maior parte de sua relação proposta. Uma vez que o boca a boca é uma das maiores formas de comunicação, isso é extremamente importante. A relação proposta criada para esta abordagem também pode ser usada depois, quando criarmos a "abordagem de 1 minuto".

Lembre-se que uma relação proposta deve ser focada nos ganhos que você pode dar ao seu público ou clientes. Ela não tem a ver com você e com suas razões para vender algo. Tente também mantê-la simples ao focar em grupos bem definidos e em suas necessidades. Fora isso, mire em um benefício principal, ainda que você possa provavelmente mencionar vários, e foque somente em um concorrente – ou muito poucos.

Também é importante, este argumento não pode ser exagerado ou algo que você acabou de inventar. Ele tem que estar baseado no mundo real. O argumento tem grande valor para objetivos administrativos porque ele é extremamente prestativo em garantir que todos estejam lendo o mesmo livro. Eventualmente, você irá perceber que isso será exagerado para objetivos de vendas e marketing, mas eu sugiro que você o mantenha o mais simples possível, para os objetivos iniciais internos.

Enquanto trabalhar em sua relação proposta, você deve tentar começar com – ou ao menos incluir – palavras como *nós ajudamos* já que isso o auxiliará a focar em seu público e nas necessidades dele.

Agora, vamos fazer um pequeno exercício. Pense em suas ofertas ou mensagens importantes e pergunte se você está focando em si mesmo ou naqueles que quer influenciar. Com suas mensagens em mente, escreva as palavras *Nós ajudamos* em uma folha de papel e então tente completar a sentença. Faça diversas versões dela. Tendo feito isso, você pode ir além, trabalhando com a fórmula de Moore.

Agora você recebeu uma pequena introdução para a relação proposta. Espero que você sinta o quanto essa ferramenta pode ser forte e porque ela é importante para os líderes inovadores e empreendedores internos.

A ABORDAGEM DE 1 MINUTO

Você começa com uma visão que o ajude a entender porque está fazendo o que faz. A relação proposta, então, faz com que todos falem a mesma língua. Agora você está pronto para a "abordagem de 1 minuto".

Esta abordagem é uma visão geral de uma ideia para um produto, serviço ou projeto. O nome reflete o fato de que ela pode ser feita em um tempo mínimo possível. Quando eu proponho exercícios, nós trabalhamos com 60 segundos por que acho 30 segundos um período muito pequeno para ser útil.

O termo "abordagem de 1 minuto" é usado comumente no contexto de um empresário expressando uma ideia para uma empresa que trabalhe com capital de risco. Essas empresas normalmente julgam a qualidade de uma ideia e da equipe, em função da qualidade da abordagem, e elas pedem que os empresários façam esse tipo de abordagem para que descartem rapidamente as más ideias.

Você deve usar uma "abordagem de 1 minuto" para chegar enfrentando os colaboradores-chave que possam influenciar a sua oferta ou sua mensagem. Isto é importante. Esta abordagem não está ligada a fazer uma venda; trata-se de ter uma chance de explicar a sua oferta ou a sua mensagem, com maiores detalhes, em um encontro futuro. Não tente vender agora, e não entre em detalhes. Apenas consiga uma reunião.

Existem muitos tipos de colaboradores, como parceiros, clientes e colegas, então você deve preparar versões diferentes de sua abordagem para cada tipo – ou ainda melhor, para cada indivíduo que estiver em sua mira.

Eu digo para as equipes com as quais trabalho com frequência que elas precisam estabelecer uma sala de guerra, na qual coloquem cartazes de seus alvos e escrevam embaixo toda a informação – comercial e pessoal – que possam obter sobre eles. Isso pode incluir informações como:

- Por que eles são relevantes para a sua oferta?
- Como eles podem ajudá-lo, especificamente, se gostarem de sua oferta?
- Quais são os fatos comerciais deles (fatos da companhia, posição dentro da companhia, estrutura organizacional e informação para contato)?
- Quem eles conhecem?
- Quem você conhece que pode colocá-lo em contato com aquele alvo ou então com alguém dentro daquele círculo?
- Onde você pode encontrar o alvo (conferências, cafés, restaurantes, transporte público)?
- Qual é o perfil público deles (Google, artigos, palestras)?
- Quais são seus interesses pessoais?
- Você ou alguém de sua equipe tem algo em comum com o alvo?
- O alvo tem um histórico de ajudar outras pessoas da forma como você quer que ele o ajude?
- Você pode entrar em contato com pessoas que ele ajudou antes e perguntar a elas sobre como foi a experiência com o alvo? O que deu certo para elas?

É claro que isso também deve ser armazenado *online*, mas ajuda ser capaz de visualizar seus colaboradores na sala de guerra ou em seu escritório. Tudo bem, poucas equipes fazem a parte da visualização, mas você definitivamente deveria fazer o exercício da informação. Quanto mais você souber sobre seu alvo, melhor você pode se preparar para causar uma boa impressão durante a potencial oportunidade de sua vida. Isto o levará para o próximo estágio, que pode fazer toda a diferença em relação ao que você faz.

É improvável que você use a "abordagem de 1 minuto" literalmente, já que, com frequência, terá mais tempo para apresentar sua proposta e interagir com os outros. Então, você pode pensar que não há necessidade de fazer isso. Errado. O objetivo fundamental da relação proposta e das "abordagens de 1 minuto" é a preparação. O aprendizado que você ganha, enquanto define a sua relação proposta e sintoniza a sua abordagem fará com que você entenda seu produto, serviço ou mensagem tão bem, que se tornará muito mais fácil para você alcançar o sucesso. Isso cria todos os motivos do mundo para que você leve a abordagem muito a sério.

Imagine isso: Você trabalhou em uma ideia que realmente pode fazer a diferença para sua empresa. No entanto, você continua esbarrando na indecisão corporativa. Após ter dado mais uma apresentação razoável para pessoas que parecem incapazes de tomar uma decisão, você esbarra com a pessoa que pode sozinha decidir se a ideia é uma explosão ou um fracasso. Você sabe que esta é sua grande – e talvez única –chance. Sua pulsação se acelera. A temperatura do corpo aumenta. O que você faz?

Poucas pessoas estão preparadas para lidar com esta situação. Elas nunca deram muita atenção a ela, prepararam algo para dizer ou ensaiaram como falar. Então, ao invés de capitalizar a oportunidade, eles apenas a deixam passar batido, ou pior, estragam tudo ao parecerem idiotas completos. Não deixe isto para o acaso. Prepare-se. Prepare-se. Prepare-se.

O que deve incluir na abordagem? Este é meu palpite:

- Apresente-se adequadamente.

  Apresente-se de maneira apropriada e obtenha uma confirmação de que a pessoa é quem você realmente pensa que é. Cuidado com sua linguagem corporal. Durante vivências em *workshops* eu me espanto com a quantidade de pessoas que não prestam atenção a isto.

- Encontre um gancho

Você deve encontrar um gancho que seja pessoal e faça com que a pessoa se interesse por você, ainda que ela esteja muito ocupada. Pode ser que seu alvo tenha dado uma palestra ou escrito um artigo que você assistiu ou leu. Faça uma referência ao fato. Isso inicia a conversa e, ao mesmo tempo, brinca com o ego do alvo. Nem todas as pessoas têm perfis tão importantes, mas a sua pesquisa deve lhe dar algumas informações que o capacitam a começar demonstrando que você se dedicou a conhecer aquela pessoa. Não exagere, pois algumas pessoas podem achar isso invasivo.

- Explique o quadro geral.

Estruture o quadro geral de uma maneira plana e simples, que não entre em detalhes ou conversa técnica. Um exemplo: "Nós somos especialistas em dar soluções utilitárias que poupem custos para companhias de ponta, na indústria de bebidas e laticínios. Nossas ofertas ajudam as empresas a reduzirem custos utilitários em 10% a 20%, o que não apenas melhora os resultados da empresa em uma média de 3% a 4%, como também reduz as emissões de CO_2."

- Seja específico.

Prossiga, focando na oportunidade para o alvo. Lembre-se, isso não tem a ver com sua razão convincente para fazer uma venda, mas as razões convincentes pelas quais o alvo deve lhe dar uma atenção maior.

Um exemplo: "Nós estudamos a sua companhia um pouco e vimos que vocês têm um custo utilitário anual de U$19 milhões. Você diria que isso está certo?" (*Você precisa ter certeza de que isso está certo. Espere por algum tipo de sinal de reconhecimento do alvo, antes de continuar*). "Tudo bem, então nós acreditamos que você pode poupar U$2.2 milhões, em três anos. Isto representa uma melhora de 2.8%, em seus resultados. Gostaria de conhecer mais sobre nós?"

Claro que ele gostaria de conhecê-lo melhor e dará uma resposta positiva. Tente fazer perguntas que seu alvo possa responder afirmativamente. Isso mantém o alvo em um estado mental mais positivo.

Agora você quantificou o quadro geral em termos específicos para o alvo e está pronto para encerrar a conversa.

- Defina como você faz, por que é diferente e encerre a conversa.

Dê uma breve explicação do que você faz e porque isso é melhor do que as ofertas ou soluções atuais no mercado. O alvo deve ter uma ideia de tais ofertas, permitindo a você fazer uma declaração sobre a concorrência. Agora você precisa encerrar a conversa. Um exemplo: "Sei que você está ocupado, e não vou tomar mais do seu tempo. Posso sugerir que nós agendemos um encontro para as próximas semanas? Ótimo. Aqui está meu cartão. Posso pegar o seu? Obrigado. Vou entrar em contato com você para marcarmos uma reunião, assim que estiver de volta ao escritório".

Ou isso pode ser ligeiramente diferente se o seu alvo for uma pessoa referencial, em vez de um tomador de decisões. "Sei que você está ocupado, e não vou tomar mais do seu tempo. Sei que a pessoa apropriada para discutir o assunto é Cynthia Jackson, que é a encarregada de custos utilitários. Isso está correto? Ótimo. Você poderia me apresentar a ela? Aqui está meu cartão. Posso pegar o seu? Obrigado. Vou entrar em contato com você para marcarmos uma reunião com Cynthia e outras pessoas relevantes, assim que estiver de volta ao escritório".

- Dê prosseguimento.

Lembre-se de dar prosseguimento rapidamente e de forma competente. É possível que você tenha que ser persistente aqui, já que pessoas ocupadas nem sempre respondem no primeiro *e-mail* ou chamada telefônica. Pode ser que haja também outro motivo do que somente os negócios. Se o seu alvo receber muitas solicitações, ele pode não responder até que você prove que é persistente e dedicado. Isso pode custar diversas tentativas, até que você consiga.

TAREFAS-CHAVE DO CAPÍTULO

- Ser habilidoso em formular relações propostas e "abordagens de 1 minuto" é uma ferramenta valiosa para líderes inovadores e empreendedores internos.
- Uma boa relação proposta tem o os pés no chão, não é exagerada e fornece todos os aspectos importantes de sua oferta, sem dar informações demais.
- Uma "abordagem de 1 minuto" é uma visão geral de uma ideia para um produto, serviço ou projeto que possa ser apresentada em 60 segundos;
- Sempre faça sua lição de casa dos colaboradores que precisa atingir, de forma que tenha informação relevante para uma conversação quando encontrá-los.
- Quando encontrar um colaborador, apresente-se adequadamente, explique o quadro geral, customize-o para o colaborador e então diga como funciona sua oferta e por que ela é diferente das outras.
- Saiba como encerrar a conversa apropriadamente e certifique-se de dar continuidade à ação.

NOTA

1. MOORE, Geoffrey. *Cruzando o Abismo.* Mankato: Capstone, 1999, p. 150.

Capítulo 17
COMPETIÇÕES CORPORATIVAS COMERCIAIS

COMPETIÇÕES DE PLANEJAMENTO CORPORATIVO comercial são primordialmente planejadas para ajudar as companhias a identificarem e nutrirem as habilidades dos empreendedores internos. Mas elas também podem ajudar a formar e refinar habilidades para inovar por toda uma organização, eliminado silos e despertando capacidades, para construir relacionamentos. Habilidades formadas em competições internas podem ser usadas, então, para impulsionar o poder de competições externas como parte de um esforço de inovação. Este capítulo bônus explica como implantar tal competição em sua organização.

Competições de planejamento corporativo comercial são padronizadas a partir de competições de planejamento comercial feitas por institutos educacionais como o MIT e a Escola Comercial de Harvard. Mas a ideia pode ser adaptada para um ambiente corporativo, ou até mesmo usada para dirigir a Inovação Aberta. Companhias que usaram esta estratégia com sucesso, para estimular o empreendedorismo interno incluem a Danfoss Ventures, Novozymes e o gigante da computação Hewlett-Packard. Tais programas podem:

- Aumentar as rendas e os lucros, em longo e curto prazo.

  Os empreendedores internos reagem muito bem quando são desafiados com novas empreitadas e projetos. Competições de planejamento comercial podem fazer este link e, quando combinadas com estratégias sólidas de execução, podem produzir rendas e lucros.

- Apóie o recrutamento de esforços.

  Um foco comprometido em empreendedorismo como evidenciado em competições de planejamento comercial melhora a imagem corporativa e torna mais fácil atrair e manter os talentos de ponta.

- Encoraje outros a focarem em inovação, através da companhia.

  Identificar e cultivar visivelmente os empreendedores internos, através de competições de planejamento comercial pode mudar a cultura corporativa de forma que todos estejam alertas e sempre busquem oportunidades que de outra forma, teriam sido perdidas.

COMO TUDO COMEÇOU

O plano de competição comercial da Danfoss é chamado de competição "Homem na Lua". Ele foi feito para identificar e desenvolver empreendedores e também novas ideias comerciais. Tudo começou quando, em 2004, eu estava tendo contínuas conversações com Hanne Arildsen, que estava encarregada da Danfoss Ventures. O desafio dela era ir da procura de grandes ideias comerciais fora da companhia, para capitalizar ideias valiosas geradas pelos funcionários da Danfoss. Hanne gostou da minha ideia de criar uma competição interna que colocaria juntas as equipes de funcionários que desenvolveriam e apresentariam ideias comerciais que o grupo de gerenciamento executivo julgaria.

Eu achei que seria importante incluir uma boa história para inspirar as pessoas em um conjunto corporativo. Minha inspiração foi John F. Kennedy e como ele havia proposto pousar um homem na lua, dentro de um período de tempo específico. Uma parte do discurso dele para o Congresso Nacional sobre este assunto parecia ser uma metáfora particularmente adequada para a situação da Danfoss Venture:

> *"Eu acredito que temos todos os recursos e o talento necessários. Mas os fatos que importam são que nós nunca tomamos as decisões nacionais ou direcionamos os recursos nacionais necessários para tal liderança. Nunca especificamos metas específicas em longo prazo, em um calendário de urgência, ou administramos nossos recursos e nosso tempo para garantirmos o cumprimento delas.[1]"*

Fazer a primeira competição decolar na Danfoss não foi fácil, particularmente porque nós estávamos determinados a irmos da ideia para a execução, em apenas dois meses. Muitas pessoas questionaram se a companhia tinha realmente pessoas suficientes que se encaixassem na descrição de bons empreendedores internos. Outras disseram que deveríamos fazer um planejamento maior, mas acreditávamos que as coisas poderiam ocorrer de forma mais rápida e queríamos mostrar que era possível fazer a diferença, em um curto período de tempo.

Hoje, a competição "Homem na Lua" se tornou um evento anual. Ela tem sido altamente bem-sucedida em identificar por volta de 20 ideias ativas que juntas somam um potencial financeiro multibilionário. Além disso, a competição tem sido vital para identificar os potenciais empreendedores internos na Danfoss. A companhia combinou este talento recém-descoberto com pesquisas de ideias que surgiram a partir das competições, para criar um bom prospecto para o sucesso.

A HEWLETT-PACKARD SOBE A BORDO

Inspirada pelo modelo da Danfoss, o Grupo de Imagem e Impressão da Hewlett-Packard lançou sua própria competição de planejamento comercial em 2006. Chama-se Flashpoint e, de acordo com Bill Wagner, que encabeçou o programa, ele foi feito para:

- Espalhar o espírito empreendedor por toda a base de funcionários da HP espalhada pelo mundo.
- Ensinar habilidades de planejamento comercial para os experientes inventores que trabalham com tecnologia na HP.
- Identificar e reconhecer os indivíduos empreendedores.
- Gerar propostas comerciais de alta qualidade.
- Facilitar a mensagem cultural de que Inovação Efetiva = Inovação da Tecnologia + Sólidas Habilidades Comerciais.

Wagner disse que quando ele começou a estabelecer o Flashpoint em 2006, não foi uma venda fácil. "Nada como isso vinha sendo feito antes da HP, e levou um tempo até que eu me tornasse eficiente na venda da relação proposta. Todos são muito ocupados, então uma nova iniciativa cultural como essa pode ser vista como distração. Mas eu consegui o suporte que precisava na hora certa e tudo acabou sendo um sucesso. Obter apoio para o Flashpoint 2.0 foi fácil. Nós temos um rastro a seguir agora e nosso gerenciamento por trás da ideia é sólido".

A Novozymes iniciou uma competição de planejamento comercial chamada "Copa do Empreendedor: Sonhe – Ouse – Faça", em 2007. O programa mirava no desenvolvimento de novas ideias e também das habilidades de potenciais empreendedores. A competição atraiu um forte interesse de todas as partes da companhia, com equipes dos quatro continentes participando, assim como unidades comerciais.

ESTRUTURANDO A SUA COMPETIÇÃO

Apesar de cada plano de competição comercial ser único, esses 10 passos são necessários para o sucesso de qualquer competição:

Passo 1: Forme um comitê-piloto.

Este grupo será responsável pelo planejamento e implantação da competição. Ele também será responsável por estabelecer a direção futura – e estratégica – dela. O comitê-piloto deve ter pessoas que estejam entusiasmadas com a ideia e que sejam bem conectadas com as pessoas-chave e com os executivos. Também é um ponto positivo se elas estiverem dispostas a arregaçar as mangas para trabalhar intensamente durante os estágios de planejamento e execução. Comitês de cinco a sete pessoas funcionam bem.

Passo 2: Estabeleça metas para a iniciativa.

Saiba o que você deseja alcançar. Isso o ajudará a administrar as expectativas dos líderes da companhia e dos participantes da competição. Você também tem que definir claramente o que espera dos participantes, não apenas durante a competição, mas depois dela também.

Por exemplo, na Danfoss Ventures, nós esperamos que as pessoas começassem a trabalhar em período integral nas ideias que foram identificadas durante a competição. Mas alguns dos participantes eram vice-presidentes e já tinham responsabilidades pesadas; eles não estavam interessados em levar pessoalmente suas ideias adiante. Esclarecer essas expectativas, antes de começar, é importante.

COMPETIÇÕES CORPORATIVAS COMERCIAIS

PASSO 3: DEFINA O TAMANHO DA COMPETIÇÃO.

Pode ser melhor começar com um programa relativamente pequeno e planejar crescer em tamanho no decorrer dos anos. Começar com um pequeno piloto irá permitir que você tire a iniciativa do papel mais rápido. Também tornará mais fácil que você faça ajustes rápidos, durante o processo.

O tamanho da competição também tem impacto em como você consegue administrar as expectativas. Quantas ideias comerciais você é capaz de levar adiante? O que acontecerá se você tiver cinco ótimas ideias, mas tiver apenas recursos para levar duas adiante? Considerar isso antes, o guiará para determinar o tamanho que a competição deverá ter.

PASSO 4: DEFINA O QUE HÁ NELA PARA OS PARTICIPANTES, INCLUINDO VENCEDORES E PERDEDORES.

Como você recompensará as pessoas por participarem da competição? Como isso irá ajudá-las a crescer na companhia? Você oferecerá recompensas monetárias para os vencedores? Você precisa de benefícios claramente definidos para todos os participantes e também para a equipe vencedora. Participar em uma competição de planejamento comercial consome tempo e é estressante. As pessoas precisam saber o que ganharão por participarem.

As empresas com as quais me envolvi deram recompensas como um prêmio em dinheiro no valor de um mês de salário, ou uma viagem em um final de semana para o participante e sua esposa. Contudo, as recompensas mais importantes são aquelas que ajudam a direcionar a carreira para frente. Isso começa com o reconhecimento geral, através de canais de comunicação internos e externos. Também deve incluir a oportunidade de se juntar a uma rede ou a um programa para empreendedores e, o mais importante, os participantes devem receber a chance de trabalhar em novas ideias comerciais.

Você deve detalhar os benefícios intangíveis que vêm de participar dessa experiência de aprendizado. Isso inclui quaisquer competências para as quais você providenciará treinamento durante a competição, como trabalho em equipe, processos de inovação, habilidades com apresentações e gerenciamento de projetos de alto risco. Evidenciar o aspecto da construção de habilidades profissionais deve ajudar no apoio para seus esforços de recrutamento.

Passo 5: Identifique um tema que irá motivar e inspirar as pessoas a participarem.

Como cada cultura corporativa é diferente, somente você sabe que tipo de mensagem inspiradora irá mover os funcionários em sua companhia. Construa uma estratégia de comunicações de antemão que impulsione este tema e informe as pessoas sobre o motivo pelo qual a competição é boa para a companhia e para os participantes.

Para a primeira competição na Danfoss, o CEO estabeleceu o desafio de que os participantes deveriam pensar em ideias comerciais para a Danfoss, caso o preço do barril de óleo chegasse a mais de U$100. Frequentemente, você obtém melhores resultados quando coloca algum tipo de restrição em seus esforços de inovação.

Passo 6: Estabeleça um calendário para a competição.

Quando marcar os passos para a competição, considere quaisquer dificuldades de tempo relacionadas particularmente à sua companhia. Dentro do possível, você deve evitar épocas do ano quando eventos-chave estiverem acontecendo, o que tornará difícil a participação das pessoas da organização.

Os principais marcos de seu calendário devem incluir:

- Anunciar a competição e a abertura da fase de recrutamento.
- Estabelecer prazos aos participantes.
- Anunciar os participantes escolhidos.
- Anunciar o pontapé inicial da competição.
- Semifinal – anunciar a seleção dos finalistas que irão se apresentar ao júri.
- Final – apresentar os finalistas para o júri e a seleção do vencedor.

Em geral, a competição deve durar por volta de quatro meses a partir do pontapé inicial, até o final do evento. Isso dará tempo para que os participantes possam fazer bons progressos e mantenham a intensidade.

Passo 7: Estabeleça o processo de recrutamento.

Que tipos de pessoas você quer recrutar? Quais processos você usará para que as pessoas se inscrevam? Como você irá escolher o grupo que irá convidar para participar dentre todos os participantes? Essas questões principais têm que ser respondidas antes de tornar a competição pública.

Nas competições com as quais me envolvi, o processo de recrutamento incluía formulários escritos, seguidos por entrevistas conduzidas por membros do comitê-piloto da competição e de colaboradores externos. Identificar empreendedores internos em potencial não é uma tarefa simples. Ela requer um time de entrevistas bem treinado, cujos membros entendam o que você está procurando e como fazer perguntas que revelem a informação certa a respeito dos inscritos. Lembre-se que, neste estágio, você está procurando pessoas, não ideias.

Tanto nos formulários escritos, quanto nas entrevistas, questões genéricas, em linguagem corporativa, não irão funcionar. As perguntas devem pedir que as pessoas descrevam exemplos sobre como elas, enquanto indivíduos, alcançaram algo, trabalhando com paixão e direcionamento. Uma consideração importante é se você deseja que as pessoas se inscrevam como indivíduos ou equipes. Eu sou enfaticamente contra o recrutamento de equipes, porque as companhias que os fazem, normalmente, terminam tendo que cumprir muitos compromissos. Por exemplo, se um time de três pessoas se inscreve e durante o processo você identifica que um membro do grupo não tem o fator X que você está procurando, o que você faz com ele? Você compromete os seus padrões e acolhe a equipe para ganhar as duas pessoas que têm o fator X? Ou então, e se uma equipe vem até você já com uma ideia em mente e você a acha bastante boa na verdade, mas não acha que os membros da equipe estejam à altura do padrão que você estabeleceu para esta competição? Mais uma vez, você está em uma posição estranha, e se acabar tendo muitos compromissos, a sua iniciativa inteira estará com problemas.

Por outro lado, se você recrutar indivíduos com fortes traços de empreendedorismo e então formar equipes com eles (ou permitir que eles próprios se agrupem), essas pessoas geralmente encontrarão uma ideia que se encaixa na sua competição e você não precisará se comprometer com o recrutamento.

Finalmente, tenha um plano B no caso do recrutamento não se desenvolver tão bem quanto você espera. Isso pode envolver identificar de antemão pessoas que você gostaria de ter na competição e fazer ligações pessoais para elas que as encorajem a se inscrever, caso não o tenham feito por conta própria. Se você precisar seguir esse caminho, precisará ter suas respostas prontas para sanar as preocupações que eles tenham com relação à competição.

Por exemplo, algumas pessoas não se inscrevem simplesmente porque elas se distraem e não preenchem o formulário. Uma simples chamada telefônica pode colocá-las de volta nos trilhos. Outras podem se preocupar com o tempo de comprometimento que a competição irá requerer. E outras ainda podem se perguntar se elas são o tipo de gente que a companhia está buscando. Para todos esses grupos, esteja pronto para responder a essas questões. É importante deixar claro que você não está procurando por gerentes "certinhos", mas sim, por pessoas que sejam diferentes ou que tenham certas características que as tornem boas empreendedoras.

PASSO 8: ESTABELEÇA UM CRITÉRIO DE AVALIAÇÃO PARA JULGAR AS PROPOSTAS DESENVOLVIDAS PELAS EQUIPES COMPETIDORAS.

Em somatória à definição do critério de julgamento, você também precisará determinar qual método de avaliação será usado. Por exemplo, a Novozymes encontrou muita inspiração no modelo MTOR, que examina fatores, como o potencial de mercado, possibilidade tecnológica, recursos necessários e combinação organizacional. A impressão geral foi somada como o último – e mais importante – critério. Cada critério é classificado e pesado com base em sua importância. São desenvolvidas questões para cada critério, garantindo que todos os membros do júri definam os critérios da mesma maneira.

O critério deve ser diferente para o evento na fase semifinal, que é usada para garantir que os participantes estejam levando a sério e fazendo progressos. Os times que não o fazem, são eliminados nesta parte do processo. Além de progresso, você também deve observar as habilidades de apresentação, porque não quer trazer para os juízes finais (que devem ser executivos da companhia) uma equipe que não seja capaz de se comunicar bem.

PASSO 9: MONTE OS PAINÉIS DE JULGAMENTO.

Aqui está um ponto perfeito para prolongar o objetivo geral de seu esforço de inovação, ao mostrar que sua competição de planejamento comercial tem o apoio de pessoal no mais alto escalão da companhia. Traga as pessoas mais bem posicionadas que puder para compor o seu júri. Ter a oportunidade rara de expor os talentos deles para os executivos seniores irá ter uma enorme validade para garantir que o seu esforço de recrutamento desenhe o que há de melhor e mais brilhante para sua companhia.

Se você seguir o modelo de ter uma semifinal onde seleciona as equipes que irão para a final, é melhor ter um painel de juízes para a semifinal e um para a final. Na Novozymes, eles usam o comitê-piloto e alguns poucos consultores externos para fazer o julgamento da semifinal. Então a final é julgada por um grupo de executivos seniores, incluindo o CEO.

PASSO 10: TREINADORES EM SEUS LUGARES.

A peça final que você precisa pôr no lugar, antes que esteja pronto para dar o pontapé inicial de sua competição, é um conjunto de especialistas que possam treinar as equipes durante a competição. É melhor deixar dois tipos de treinadores disponíveis:

- Treinadores de equipes.

  Essas pessoas têm o conhecimento que é relevante para as ideias perseguidas pelas equipes. Elas são primeiramente designadas quando os times se decidiram sobre suas ideias e as tiveram aprovadas pelo comitê piloto, se isso for requisito da competição. O comitê deve designar treinadores para as equipes com base no entendimento que eles têm delas, das ideias e das competências dentro da companhia. Treinadores de equipes devem ser pessoas internas, de forma que elas tenham uma visão geral de outras atividades em andamento na companhia, relacionadas com a ideia. Os treinadores devem estar preparados para gastar pelo menos de 10 a 15 horas com suas equipes, durante o curso da competição.

- Treinadores de competência.

  Essas pessoas têm habilidades em áreas específicas, como levar novos produtos ou serviços para o mercado, gerenciamento de colaboradores ou redes de relacionamentos, desenvolver uma relação proposta, ou assuntos financeiros. As equipes devem ser capazes de escolher treinadores de competência quando perceberem que ambos têm afinidade. Entretanto, devem ser dadas recomendações pelo comitê- piloto com base no que eles aprenderam sobre as equipes, durante as fases de seleção. Em algumas competições, as equipes recebem um orçamento para gastar como quiserem com treinadores de competência, pesquisa de mercado ou com qualquer outra informação que as ajudará.

CRIE UM VEÍCULO PARA A INOVAÇÃO ABERTA

Por fim, outro passo importante para considerar em competições futuras é o envolvimento com parceiros externos. As competições têm sido altamente bem-sucedidas como iniciativas internas, mas imagine o que você poderia criar se fosse capaz de formar equipes de Inovação

Aberta, compostas por seus próprios funcionários e pessoas externas; de clientes a parceiros.

Se sua companhia for direcionadora de uma atividade assim, você tem um motor inovador que pode ser bastante efetivo, não apenas em escutar as necessidades do ecossistema externo de clientes e parceiros, mas também de transformar este *input* em ideias comerciais e relacionamentos mais fortes, com parceiros fundamentais. Sim, os direitos de propriedade intelectual serão um assunto importante em tais cenários, mas estar no controle da competição facilitará moldar e gerenciar este processo, de acordo com seus interesses. A logística para trazer uma pessoa de fora pode parecer, em princípio, assustadora, mas em muitos casos as companhias que empreendem competições já são globais em escopo e lidaram de forma bem-sucedida com muitos dos assuntos que a administração de um projeto em nível global requer.

Quer você tenha empreendido uma competição de planejamento comercial interno ou uma que envolva entidades externas, você, com certeza, irá colher as recompensas de novas e lucrativas inovações e também de um grupo de empreendedores internos mais bem treinados, que possam ajudar a promover ainda mais a inovação nos anos que estão por vir.

IMPLEMENTAÇÃO

Uma vez que você tenha empreendido todos esses passos, agora está pronto para colocar a sua competição de planejamento em movimento. Há três marcos fundamentais durante a fase de execução: o pontapé inicial, o desenvolvimento e o final.

PONTAPÉ INICIAL

A sua competição de planejamento comercial oficialmente se inicia com um evento que coloca os times selecionados juntos para uma sessão que irá dizer a eles o que devem esperar da competição e o que você espera deles. Outro objetivo principal deste evento é gerar excitação e entusiasmo entre os competidores, assim como por toda a organização, via publicidade. Esses eventos normalmente incluem um dia e meio ou dois dias de atividades. É claro, você irá fazer um uso liberal do tema de sua competição durante o pontapé inicial, utilizando-o como plataforma de comunicações para as atividades que organizar.

Cada organização tem a sua própria maneira de como organizar o pontapé inicial, mas a maioria inclui esses elementos:

- Orientação para as equipes com relação aos detalhes de como a competição funcionará, quais recursos estarão disponíveis para elas, e o que a companhia espera delas nos meses que se seguirão.
- Apresentação das equipes e treinamento das competências.
- Exercícios para a criação das equipes, para ajudar os times a se agruparem.
- Trabalhar na construção de uma linguagem em comum entre os participantes, em torno da inovação e outros tópicos fundamentais, como os elementos dos planejamentos comerciais que elas irão criar.
- Treinamento em habilidades que serão importantes para o sucesso, durante a competição.
- O envolvimento do gerenciamento sênior reforçando a importância da competição e do forte interesse da companhia nela.

Os exercícios construídos pela equipe devem desafiar a mentalidade dos participantes e dar a eles um gosto do que está por vir, em termos de ter que lidar com incertezas e obstáculos inesperados. Por exemplo, na Danfoss, nós incluímos um exercício para a criação de equipes, no qual elas trabalhavam em um problema em suas próprias mesas, por um período de tempo, e então trocavam de mesas e trabalhavam na solução do problema que outra equipe havia iniciado. Isso significa que elas tinham de lidar repentinamente com uma situação inesperada, como aquelas que rotineiramente surgem no mundo real da inovação.

Você quer que as equipes se agrupem rapidamente. Alguns membros das equipes podem conhecer uns aos outros muito bem, mas talvez não bem o suficiente para encarar o estresse de trabalharem juntos pelos próximos meses. Trabalhar juntos, como uma equipe, durante o pontapé inicial, irá auxiliá-los para começarem a construir relacionamentos mais sólidos que são necessários para que uma equipe mantenha-se unida, quando os problemas aparecerem.

Passar um tempo desenvolvendo uma linguagem comum é extremamente importante. Isso ajudará a garantir que os participantes estejam todos concordando com a direção do comitê, no que diz respeito à missão da competição e os resultados que a companhia espera. No pontapé inicial da Novozymes, por exemplo, um consultor que trabalhava com a companhia em um modelo chamado MTOR (mercado, tecnologia, organização e recursos) fez uma apresentação para os participantes da competição que os ajudou a entender a necessidade de considerar esses elementos-chave ao trabalharem juntos.

A parte voltada ao treinamento de competências deve ser o começo do programa de aprendizagem que irá perdurar por todo o evento. Você terá identificado as diversas habilidades que os participantes precisarão dominar, durante os diferentes estágios da competição, quando você selecionar os treinadores de competências. Considere que cada treinador faça uma apresentação durante o pontapé inicial. Exemplos de habilidades em que focar podem incluir esculpir uma relação proposta e uma "abordagem de 1 minuto", usar relacionamentos internos e externos, e criar uma apresentação.

Uma vez que você entre em sua segunda competição, considere incluir uma sessão durante o pontapé inicial na qual antigos participantes possam dar dicas e conselhos para os novos. Você também pode ter os vencedores do ano anterior reproduzindo a palestra feita no encerramento, para se ter uma ideia do que será esperado dos participantes naquele ano.

Como preparação para o pontapé inicial, o comitê- piloto também deve avaliar as ideias comerciais iniciais das equipes. Esta discussão inclui considerar as ideias de um ponto de vista corporativo e trazer informação relevante para a pauta, a qual as equipes não podem ser privadas. Por exemplo, o comitê pode revisar ideias como, por exemplo, a maneira pela qual elas combinam com algo mais que esteja ocorrendo dentro da organização. Eles também podem considerar se a ideia é algo que já foi tentado diversas vezes antes e nunca funcionou. Além disso, as capacidades da equipe devem fazer parte desta equação. Uma questão para ser considerada é "Esta equipe pode fazer o que está prometendo?"

Com base nesta discussão, uma equipe pode ser mandada de volta aos rascunhos para conceber uma nova ideia. Por exemplo, foi solicitado que uma equipe da Novozymes buscasse uma nova ideia, porque o mercado para a ideia original que ela teve era muito pequeno e muito trabalho já havia sido feito para aquela indústria, sem ter um bom progresso.

Obviamente, essas considerações devem ser bem trabalhadas antes do evento que dá o pontapé inicial.

Desenvolvimento

Depois do pontapé inicial, as equipes começam a trabalhar juntas para desenvolver as suas ideias comerciais. Para ajudar a garantir que elas estejam fazendo o trabalho duro necessário e se mantendo no caminho certo, você deve dirigir uma avaliação de desenvolvimento, na qual as equipes encaram o risco de serem eliminadas. Este evento também é uma chance de dar mais oportunidades de aprendizado para as equipes, através de sessões com os diversos treinadores.

Sendo normalmente um evento de dois dias, o desenvolvimento pode incluir um ensaio das apresentações da ideia da equipe no primeiro dia e as apresentações efetivamente, no segundo. O júri que você selecionou irá avaliar as apresentações e então pode se decidir a eliminar algumas equipes neste estágio. O foco principal neste ponto deve ser em o quão bem o time é capaz de responder à questão: "Por que esta é uma ideia convincente?". Neste estágio do jogo, eles têm que ser capazes de responder rapidamente e com eficiência. Normalmente, você tem quatro ou cinco equipes na competição. Esse número deve ser cortado para três, após o desenvolvimento, para manter alguma competitividade e dar mais qualidade para os executivos no júri final.

Novamente, você deve gerar publicidade interna sobre o evento para manter a organização inteira ciente da competição. Este pode ser um bom ponto para trabalhar junto ao seu grupo de comunicação corporativa, com histórias individuais sobre as equipes. Essas histórias podem ser importantes para encorajar outros funcionários a, futuramente, entrarem na competição.

Uma possibilidade a ser considerada, em termos de ajudar a ter animação em torno da competição, é fazer apresentações abertas no desenvolvimento e na final, onde você terá um público de funcionários interessados. Esta ideia pode não funcionar em uma companhia que tenha níveis diferentes de confidencialidade, mas onde for possível, ela deve ser considerada. Permitir que os membros do público em geral façam perguntas para a equipe pode ser bastante interessante. No desenvolvimento, em particular, este questionamento pode ajudar as equipes a melhorar o conteúdo de suas apresentações ou até mesmo refinar as suas ideias.

Final

Após o desenvolvimento, as equipes continuarão a trabalhar em suas ideias e na apresentação dessas ideias, até a final. Apresentações para o comitê executivo na final normalmente duram 20 minutos. Os juízes então costumam levar uma hora ou mais para discutir as ideias e votar nelas.

Uma vez que um vencedor seja selecionado, é hora de celebrar seu sucesso, durante a final, com publicidade interna e até externa. Na verdade, todas as equipes devem ser homenageadas pelos esforços que devotaram à competição. Este reconhecimento público pode desempenhar um papel fundamental na motivação de outros em participarem de sua próxima competição e pode até ser uma forte ferramenta de recrutamento. Por exemplo, a Danfoss Venture está localizada muito remotamente na Dinamarca, e recrutar é sempre um desafio. Ela utilizou a sua competição em anúncios de página inteira para comunicar o quanto ela é inovadora e divulgar o fato de que é uma companhia onde você terá uma oportunidade de arriscar e crescer.

DECISÕES PÓS-COMPETIÇÃO

As escolhas que você faz após as suas competições de planejamento comercial são muito importantes. As suas decisões em curto e longo prazo incluem:

- Como as ideias da competição serão levadas adiante, em particular as do vencedor?
- Qual o papel que as equipes da competição terão deste ponto em diante? As equipes terão a oportunidade de continuar a trabalhar juntas para transformar sua ideia em realidade ou elas podem ser envolvidas em outros projetos de inovação?
- Como você capitalizará os relacionamentos e a camaradagem desenvolvidos durante a competição? Você formará uma pesquisa de talentos ou uma rede de relacionamentos internos a qual serão oferecidas oportunidades de aprendizado e conectividade? Isso deveria ser aberto aos inscritos qualificados, incluindo aqueles que não foram admitidos na competição em si?

Se você passar pelo processo e tiver um júri de executivos de ponta que estejam comprometidos com os resultados, você deve sair da competição com uma plataforma de como a ideia pode ser tornar realidade.

A decisão sobre se a equipe leva a ideia adiante ou se ela é entregue para outra pessoa é específica para a companhia envolvida. Algumas companhias escolhem usar as equipes da competição como uma coligação de talentos, cujos membros podem ser combinados às boas ideias geradas em qualquer lugar da companhia. Eles agem como empreendedores internos residentes, esperando um projeto que seja apropriado para eles, enquanto continuam com seus empregos atuais.

TAREFAS-CHAVE DO CAPÍTULO

- Competições de planejamento corporativo comercial podem ajudar a aumentar as rendas e os lucros, recrutar esforços, encorajar uma organização que tenha um amplo foco em inovação, e prepará-la para empreender competições externas.
- Os fatores-chave envolvidos ao começar uma competição são:
  - › Formar um comitê-piloto.
  - › Estabelecer metas.
  - › Definir o tamanho da competição e o que os participantes irão ganhar ao competir.
  - › Estabelecer um calendário e um processo de recrutamento.
  - › Identificar um tema inspirador.
  - › Estabelecer um critério de avaliação para julgar as propostas desenvolvidas pelas equipes competidoras e escolha os juízes (júri).
  - › Identificar os treinadores de equipes e competência.
- Introduza a sua competição com um evento instigante, que é o pontapé inicial.
- Use um evento de desenvolvimento para estreitar a seleção de ideias.
- Certifique-se que os executivos seniores estarão envolvidos no julgamento da competição final.
- Tome decisões pós-competição importantes, incluindo:
  - › Como as ideias da competição serão levadas adiante, em particular as do vencedor?
  - › Qual o papel que as equipes da competição terão deste ponto em diante?
  - › Como você irá capitalizar os relacionamentos e a camaradagem desenvolvidos durante a competição?

NOTA

1. KENNEDY, John F., Endereço Especial para o Congresso Sobre a Importância do Espaço, 25 de maio de 1961. Disponível em: http://www.homeofheroes.com/presidents/speeches/kennedy_space.html

Capítulo **18**
A REVISÃO: TUDO EM UM SÓ LUGAR

EU COLOQUEI AS TAREFAS-CHAVE de todos os capítulos em um único lugar para deixar mais simples você fazer periodicamente uma revisão de como está indo em termos de seguir em frente em seu caminho para ser o melhor líder inovador ou empreendedor interno possível. Boa sorte em sua jornada e, por favor, não hesite em me contatar no endereço *stefan@intrap.com* se tiver comentários ou perguntas sobre os tópicos que abordei neste livro. Eu adoraria ter a chance de trocar ideias e opiniões com você sobre os desafios que encara como um líder inovador ou empreendedor interno.

CAPÍTULO **1** – POR QUE A INOVAÇÃO ABERTA É IMPORTANTE

- A economia global 24 horas por dia, em sete dias por semana e a crescente transparência do conhecimento estão conduzindo o movimento em direção à Inovação Aberta.
- Recursos internos e externos precisam trabalhar em conjunto para fazer com que a inovação aconteça.
- A Inovação Aberta precisa ser um assunto vital em todas as companhias porque a ideia de combinar recursos externos e internos, para aumentar o talento e a produtividade da inovação, é uma proposição boa demais para ser ignorada.
- Existem companhias campeãs, candidatas ao trono e embusteiras no mundo da Inovação Aberta, com mais de 60% das companhias caindo na terceira categoria.

- Para sair da categoria de embusteira e se tornar candidata ao trono você precisa se perguntar por que a sua companhia deveria se envolver com Inovação Aberta.
  - ✓ Para que a Inovação Aberta funcione, ela precisa estar alinhada com a estratégia corporativa geral de sua companhia.
  - ✓ Defina o que é Inovação Aberta.
  - ✓ Lembre-se do seu pessoal. Uma mudança de paradigma requer que os empregados modifiquem a sua mentalidade e obtenham novas habilidades.

Capítulo 2 – Com o que a Inovação Aberta se Parece

- A forma que a Inovação Aberta assume varia dramaticamente de companhia para companhia.
- A Inovação Aberta tem a ver com fazer pontes entre recursos externos e internos, através de todo o processo de inovação, o que faz com que ele aconteça.
- A verdadeira diferença entre as várias formas de Inovação Aberta é o nível de envolvimento dos parceiros externos, clientes ou fornecedores.
- A Inovação Aberta tem relação com integrar parceiros externos durante todo o processo de inovação.
- A inovação dirigida pelo usuário está altamente relacionada à Inovação Aberta, mas ela tem que ir além, no sentido de trazer parceiros externos para que o processo completo de inovação se transforme em Inovação Aberta.
- A inovação dirigida e a Inovação Aberta podem ser uma combinação poderosa.
- Os benefícios principais da Inovação Aberta são:
  - ✓ Acelerar o desenvolvimento de novos produtos e serviços e, portanto, aumentar a renda e a quota comercial.
  - ✓ Abreviar o tempo para comercializar novos produtos e serviços e acelerar os lucros.
  - ✓ Reduzir gastos diretos em Pesquisa e Desenvolvimento.
  - ✓ Melhorar a taxa de sucesso dos novos produtos e serviços.

- Três questões fundamentais precisam ser respondidas antes de se embarcar em uma jornada na direção da Inovação Aberta:
  1. O que a Inovação Aberta fará ao seu modelo de negócio?
  2. Como o gráfico de sua organização irá mudar para acomodar a Inovação Aberta?
  3. O que isso significa para o meu papel enquanto gerente ou líder?
- Confiança é fundamental para a Inovação Aberta.
- A necessidade de construir confiança como base para uma Inovação Aberta bem-sucedida significa que é mais relevante olhar para o lado inovador das pessoas do que se concentrar em processos, o que também traz mais poder para as pessoas que realmente dirigem a inovação dentro da empresa.

CAPÍTULO 3 – COMO ABORDAR A INOVAÇÃO ABERTA

- Sua resposta para o motivo pelo qual a sua companhia deveria tentar a Inovação Aberta precisa direcionar de que forma ela pode ser uma parte importante da estratégia de inovação geral, o que por sua vez precisa estar altamente alinhada com a estratégia corporativa geral.
- Uma mudança de paradigma requer que os empregados alterem a sua mentalidade e obtenham novas habilidades.
- A inovação tem que ser mais do que simplesmente produtos e serviços centrais, e deve envolver tantas funções comerciais quanto for possível, e não somente P&D e Vendas & Marketing.
- Os elementos necessários para criar uma cultura de Inovação Aberta incluem:
  - ✓ Pessoas que possam administrar os relacionamentos com os clientes e parceiros.
  - ✓ Disposição para aceitar que nem todas as pessoas inteligentes trabalham em seu departamento ou até mesmo para a sua companhia, e uma correspondente disposição para encontrar e trabalhar com pessoas inteligentes, seja de dentro ou de fora da empresa.
  - ✓ Disposição para ajudar os funcionários a alcançar conhecimento e entendimento de como uma ideia ou tecnologia se torna um negócio lucrativo, talvez ao desenvolver um programa de rotatividade de trabalho que poderia até envolver parceiros e clientes.

- ✓ Entender que a falha representa uma oportunidade para aprender, e disposição para recompensar aqueles esforços e aquela forma de aprendizado.
- ✓ Dispensar o NFIA ("não foi inventado aqui").
- ✓ Disposição para tentar equilibrar a P&D externa e internamente.
- ✓ Disposição para assumir os riscos ao invés de ter aversão a eles, ao mesmo tempo em que se faz uso do bom senso para equilibrar o nível de risco.
- ✓ Aceitar que a Inovação Aberta de fato levanta assuntos referentes à propriedade intelectual. O seu departamento jurídico pode optar por jogar na defesa ou no ataque.
- ✓ Entender que a Inovação Aberta requer comunicação aberta. Trabalhe orbitando os temas de confidencialidade e propriedade intelectual para criar um ambiente de confiança.
- ✓ Não tenha a necessidade de ser sempre o primeiro. Construir um modelo de negócio aprimorado é melhor do que chegar primeiro ao mercado.
- Finalmente, reconheça que não é mais somente necessário ser um bom administrador de projetos, pesquisador ou engenheiro – ou líder. Como você irá aprender com este livro, a Inovação Aberta requer uma mentalidade diferente; ela também precisa de novas habilidades que incluam:
  - ✓ Ponto de vista holístico – a visão de raio-X;
  - ✓ Rede de Comunicação;
  - ✓ Fazer uma "abordagem de 1 minuto" eficiente;
  - ✓ Administrar os colaboradores.

Capítulo 4 – As Primeiras Coisas Primeiro

- Você só terá uma chance e meia para fazer a Inovação Aberta corretamente, então precisa se preparar com cuidado.
- Os elementos-chave que precisam estar em seus lugares certos antes de seguir adiante com a sua iniciativa de Inovação Aberta incluem:
  - ✓ Estabelecer uma ordem clara, um forte propósito estratégico e um tema para conceber ideias.

A REVISÃO: TUDO EM UM SÓ LUGAR

✓ Conduzir uma análise dos colaboradores.

✓ Desenvolver uma estratégia de comunicação.

✓ Construir uma linguagem em comum.

✓ Incluir abordagens organizacionais que alcancem o CBL (C = de cima para baixo, B = de baixo para cima, L = de lado a lado).

✓ Esforçar-se para *ser* inovador ao invés de *tentar ser* inovador.

- A sua ordem de inovação deve:
  ✓ Fornecer detalhes dos recursos e da autoridade dada para a equipe de inovação.

  ✓ Esclarecer como os conflitos em potencial serão tratados.

  ✓ Encorajar os colaboradores a resolver problemas sobre assuntos como alocação de recursos e comprometimento, sem envolver os executivos.

- Certifique-se que o seu objetivo estratégico responda à pergunta dos funcionários: "O que isso trará de bom para mim"?

- Estabeleça um escopo ou um tema para a geração de ideias que se alinharão em áreas que combinem com as metas de inovação da organização.

- Traga o fator F (pessoas de fora) em adição à CBL.

- Crie um DNA de inovação na companhia com iniciativas reais que convençam todos os colaboradores de que suas contribuições são valiosas.

- Ajude os funcionários a acreditar que a sua companhia é inovadora ao partilhar grandes histórias.

Capítulo 5 – Como Identificar e Desenvolver as Pessoas – que Dirigem a Inovação Aberta

- Quando se trata de fazer a inovação seja de que tipo for, as pessoas importam mais que as ideias.

- As pessoas precisam de dois tipos de pessoas para as iniciativas de inovação:
  ✓ *Líderes inovadores* que foquem na estratégia e no trabalho tático de construir a plataforma interna necessária, para desenvolver capacidades organizacionais de inovação;

  ✓ *Empreendedores internos* que trabalhem dentro da plataforma criada pelos líderes inovadores, para transformar ideais e pesquisa em produtos e serviços reais que levem o negócio para frente.

A REVOLUÇÃO DA INOVAÇÃO ABERTA

- Quando for identificar pessoas que serão líderes inovadores e empreendedores internos excepcionais, procure gente otimista, que tenha paixão e direção, que seja curiosa e acredite na mudança. Também busque pessoas que tenham talento para trabalhar com redes, boas habilidades de comunicação e capacidade de lidar com incertezas. Para os líderes, também busque pessoas que sejam capazes de ver o quadro geral.

- Para encontrar essas pessoas, faça prospectos de perguntas que revelarão:
  - ✓ O quanto a pessoa está atualizada em seu campo de atuação.
  - ✓ Como ela supera os obstáculos para fazer com que as coisas aconteçam.
  - ✓ Se ela é aberta ou defensiva e combativa.
  - ✓ O quanto seu pensamento é direcionado ao cliente.
  - ✓ Se ela é capaz de formar suas habilidades básicas nas quais a perspectiva de inovação será amplamente assentada.

Capítulo 6 – A Cultura Conectada da Inovação

- Uma cultura de rede é uma parte crítica de uma cultura de inovação que aspire tornar-se mais e mais aberta e orientada externamente. Sua companhia precisa ter estratégias posicionadas para construir a especialidade no trabalho, com redes dentro de sua organização.

- Mesmo que você não esteja usando um modelo de Inovação Aberta, os funcionários que estejam operando em uma comunidade global precisam saber como trabalhar em rede com pessoas que estejam em localidades distantes.

- Uma cultura conectada tem:
  - ✓ Uma declaração clara das razões estratégicas que as pessoas precisam para desenvolver e nutrir relacionamentos internos e externos;
  - ✓ Comprometimento da liderança com a rede;
  - ✓ Iniciativas de rede que acompanham de perto a cultura corporativa.
  - ✓ Oportunidades frequentes para encontros virtuais e presenciais para que as pessoas aperfeiçoem as suas habilidades de conexão.

- Preste atenção a esses três tipos de conexões em sua organização: conectores centrais, intermediários e pessoas da periferia.

- Distribua aplicativos da Web 2.0 para facilitar as conexões externas e internas.
- Maximize os efeitos da conexão presencial ao:
  - ✓ Dar ênfase à curta duração e à alta frequência.
  - ✓ Transformar as sessões em plataformas de ideias.
  - ✓ Ajudar os gerentes a ver o quadro completo, para que eles não causem bloqueios pelo fato de estarem preocupados com seus funcionários, que ao se conectarem podem estar tirando tempo do trabalho real;
  - ✓ Tomar decisões rápidas sobre ideias que foram enviadas através do mercado de ideias.
  - ✓ Usar projetos de sites no estilo *wiki* para misturar o real e o virtual.
- Evite estes obstáculos para a construção de uma cultura conectada:
  - ✓ Falta de tempo e habilidade.
  - ✓ Falta de foco, comprometimento e comunicação.
  - ✓ Péssimos guardiões.
  - ✓ Horizontes estreitos.

Capítulo 7 – Por que Executivos De Ponta Não Entendem a Inovação, Muito Menos a Inovação Aberta – e O Que Fazer a Respeito

- Os executivos seniores costumam ser grandes obstáculos para a inovação porque eles:
  - ✓ Focam em ganhos em curto prazo.
  - ✓ Carecem de uma educação de inovação.
  - ✓ São avessos ao risco.
  - ✓ São malucos controladores.
  - ✓ Podem carecer de visão-X.
  - ✓ Não entendem a importância de uma cultura conectada.
  - ✓ Estão muito distantes da ação, quando se trata de inovação.
- Você pode superar esses problemas ao:
  - ✓ Desafiar e fortalecer a mentalidade dos executivos.
  - ✓ Ajudá-los a entender e investir na criação de um link entre a estratégia de inovação e a estratégia geral corporativa.

A REVOLUÇÃO DA INOVAÇÃO ABERTA

✓ Entender o que realmente importa para eles.

✓ Alavancar o poder das comunicações corporativas.

✓ Obter pequenas vitórias e não começar muitas iniciativas de uma só vez.

CAPÍTULO 8 – VENCENDO OS ANTICORPOS CORPORATIVOS

- Como a mudança assusta muitas pessoas, o prospecto de mudança causada pela inovação normalmente causa a erupção de anticorpos corporativos.

- Os anticorpos corporativos provavelmente surgirão durante as fases de incubação e aceleração da inovação.

- Você pode combater os anticorpos corporativos ao:

  ✓ Tornar as pessoas apoiadoras, ao invés de bloqueadoras.

  ✓ Ficar fora do radar.

  ✓ Ter as estruturas e os processos posicionados.

  ✓ Dar autonomia aos seus conselhos.

- A gestão participativa é um componente essencial para combater os anticorpos corporativos. Você deve:

  ✓ Identificar e traçar um perfil dos interessados.

  ✓ Comunicar-se com os interessados.

CAPÍTULO 9 – INOVAÇÃO RADICAL COMO UM OBSTÁCULO

- Companhias que estão nos estágios iniciais de estabelecimento de suas capacidades de inovação podem estar mordendo mais do que conseguem mastigar, se estiverem buscando a inovação radical porque:

  ✓ Pode demorar demais para produzir resultados.

  ✓ Na maioria das organizações, poucas pessoas em qualquer nível tiveram experiências de sucesso com inovação radical.

  ✓ Projetos que ficam em algum lugar entre inovação radical e incremental são mais aceitáveis para os executivos e gerentes que têm aversão ao risco.

  ✓ É mais fácil atingir a inovação radical comprando uma empresa recém iniciada e integrando-a à sua companhia.

  ✓ Companhias que são líderes de mercado preferem fazer um jogo seguro, ao invés de se canibalizar e reinventar.

A REVISÃO: TUDO EM UM SÓ LUGAR

- Para desenvolver a inovação radical de forma bem-sucedida, as empresas devem:
  - ✓ Ter uma estratégia corporativa com espaço para a inovação radical e tempo adequado para implantar essa estratégia.
  - ✓ Ter pessoas que possam executar projetos de inovação radical e processos em seus lugares certos, para que tudo possa acontecer.

Capítulo 10 – Definindo o Sucesso

- Para cumprir seu papel como líder inovador no grau mais alto possível, você precisa definir o sucesso, saber como fazer as mudanças acontecerem, identificar seus valores, administrar relacionamentos e tempo, e comunicar suas mensagens.
- Os caminhos principais para seu sucesso incluem:
  - ✓ Seguir a sua paixão.
  - ✓ Estabelecer a sua visão pessoal e então identificar as metas para ajudá-lo a alcançá-la.
  - ✓ Identificar as pessoas que o ajudarão a alcançar a sua visão e construir relacionamentos mutuamente benéficos com elas.
  - ✓ Manter-se informado sobre desenvolvimentos externos que afetem a sua visão pessoal e metas.
  - ✓ Construir e comunicar a sua marca e mensagens pessoais.
  - ✓ Gerenciar seu tempo.

Capítulo 11 – Conheça seus Valores

- Sua habilidade para atingir o sucesso está ligada a ter um conjunto de valores claramente definidos, que dirijam as escolhas que você faz em seu trabalho e em sua vida pessoal.
- Reservar um tempo para refletir sobre seus valores é um valioso exercício.
- É importante que seus valores e os daqueles com quem trabalha na organização estejam alinhados. De outro modo, você será forçado ficar em uma posição desconfortável, fingindo seu comportamento no trabalho, com chances menores de atingir as metas de sua carreira.
- Viver cada dia de forma consistente com seus valores abre caminho para seu sucesso.

Capítulo 12 – Fazendo a Mudança Acontecer

- Sua habilidade de mudar a trajetória de sua carreira depende de dois fatores:

  1. O equilíbrio entre como você vê a si mesmo e como os outros o veem.

  2. Os relacionamentos que construiu.

- Se houver uma falta de equilíbrio nessa percepção, você pode mudá-la ao:

  ✓ Perceber e reconhecer suas dificuldades e se comprometer com a mudança.

  ✓ Entender a diferença entre puxar e empurrar quando se trata de mudança.

  ✓ Estabelecer metas e priorizá-las.

  ✓ Prestar contas sobre seu esforço de mudança – e começar a mudar as percepções que os outros têm de você – ao comunicar as suas metas para os colaboradores-chave.

  ✓ Criar rituais para reforçar a mudança.

Capítulo 13 – Gerenciando o Tempo

- Tire um período regularmente para refletir sobre como você está administrando seu tempo; esteja certo de que você esteja alocando este precioso recurso de forma a maximizar as suas chances de chegar ao sucesso.

- Controle seu tempo; não deixe que os outros o controlem para você.

- Mantenha a Lei de Parkinson em mente e certifique-se que você não está prolongando as tarefas mais do que o necessário. Quando delegar trabalho para os outros, perceba que eles também irão usar o montante integral de tempo para completar a tarefa, então estabeleça *deadlines* realistas, porém curtos.

- Use a Regra do 80/20 para avaliar de onde você retira a maior parte do valor do tempo que gasta. Tome notas de atividades que não o estão impulsionando em direção ao sucesso e as terceirize ou até elimine.

- Impulsione o poder da reflexão solitária; reserve pelo menos uma hora por semana para pensar profundamente em dificuldades específicas.

Capítulo 14 – Polindo a Sua Marca Pessoal

- Todos têm uma marca pessoal; assumir o controle de sua marca cria liberdade e oportunidades, e é imperativo para que você alcance suas metas.

- Analise as pessoas que o inspiram a fim de entender quais são os aspectos desses modelos que talvez você queira trazer para a sua marca pessoal.

- Os dois principais passos para você desenvolver a sua marca pessoal são criá-la e então comunicá-la.

- Para desenvolver a sua marca pessoal defina as suas metas estratégicas, analise seus valores e características, peça por input sobre sua marca àqueles que lhe são próximos, cheque as suas pegadas digitais e identifique as suas contribuições únicas. A partir dessas informações, você pode construir um enunciado de sua marca pessoal que serve como sua "abordagem de 1 minuto" pessoal.

- É importante conhecer o ambiente no qual sua marca pessoal opera ao focar nos competidores e influenciadores.

- Desempenho, escrita, fala e encontro são ferramentas essenciais que você deve usar para comunicar a sua marca pessoal.

Capítulo 15 – Fortalecendo a Sua Rede

- Aceite a realidade de que no mundo comercial de hoje, redes de relacionamentos são ferramentas essenciais para se tornar o melhor líder inovador que você puder ser.

- Escolha oportunidades para se relacionar que tenham a ver com assuntos de interesse significativo para você e que também apresentem oportunidades comerciais interessantes.

- Desenvolva redes operacionais, pessoais e estratégicas.

- Só se envolva com uma rede se tiver um objetivo.

- Perceba que ser introvertido não o impede de ser um usuário extrovertido de redes.

- Impulsione o poder dos "seis graus de separação" para adicionar pessoas importantes à sua rede.

- Use ferramentas virtuais para ampliar o alcance de sua rede.

- Faça uma análise pessoal de sua rede para criar um projeto que impulsione seu poder e estabeleça metas que fortaleçam a rede ao longo do tempo.

Capítulo 16 – Venda a Sua Visão e Ideias

- Ser habilidoso em formular relações propostas e "abordagens de 1 minuto" é uma ferramenta valiosa para líderes inovadores e empreendedores internos.

- Uma boa relação proposta tem o os pés no chão, não é exagerada e fornece todos os aspectos importantes de sua oferta, sem dar informações demais.

- Uma "abordagem de 1 minuto" é uma visão geral de uma ideia para um produto, serviço ou projeto que possa ser apresentada em 60 segundos.

- Sempre faça sua lição de casa dos colaboradores que precisa atingir, de forma que tenha informação relevante para uma conversação quando encontrá-los;

- Quando encontrar um colaborador, apresente-se adequadamente, explique o quadro geral, customize-o para o colaborador e então diga como funciona sua oferta e porque ela é diferente das outras.

- Saiba como encerrar a conversa apropriadamente e certifique-se de dar continuidade à ação.

Capítulo 17 – Competições Corporativas Comerciais

- Competições de planejamento corporativo comercial podem ajudar a aumentar as rendas e os lucros, recrutar esforços, encorajar uma organização que tenha um amplo foco em inovação, e prepará-la para empreender competições externas.

- Os fatores-chave envolvidos ao começar uma competição são:
  - ✓ Formar um comitê-piloto.
  - ✓ Estabelecer metas.
  - ✓ Definir o tamanho da competição e o que os participantes irão ganhar ao competir.
  - ✓ Estabelecer um calendário e um processo de recrutamento.
  - ✓ Identificar um tema inspirador.
  - ✓ Estabelecer um critério de avaliação para julgar as propostas desenvolvidas pelas equipes competidoras e escolher os juízes (júri).
  - ✓ Identificar os treinadores de equipes e competência.

- Introduza a sua competição com um evento instigante, que é o pontapé inicial.
- Use um evento de desenvolvimento para estreitar a seleção de ideias.
- Certifique-se que os executivos seniores estarão envolvidos no julgamento da competição final.
- Tome decisões pós-competição importantes, incluindo:
  - ✓ Como as ideias da competição serão levadas adiante, em particular as do vencedor?
  - ✓ Qual o papel que as equipes da competição terão deste ponto em diante?
  - ✓ Como você irá capitalizar os relacionamentos e a camaradagem desenvolvidos durante a competição?

Apêndice **A**
OS DEZ TIPOS DE INOVAÇÃO

Categoria da Inovação	Tipo de Inovação	Descrição do Tipo	Exemplos Comerciais
Financeira	Modelo Comercial	Como você faz dinheiro	A Dell revolucionou o modelo comercial de computadores pessoais ao coletar dinheiro antes que o PC do consumidor tivesse sido sequer montado e despachado (resultando em uma rede positiva de capital de giro de sete a oito dias)
	Redes e Alianças	Como você junta forças com outras companhias para um benefício mútuo	A companhia de bens de consumo Sara Lee percebeu que as suas competências centrais estavam no *insight* do consumidor, gerenciamento da marca, marketing e distribuição. Assim, ela se alienou da maior parte de suas operações de fabricação e fez alianças com uma cadeia de parceiros para fabricação e suprimento.
Processual	Habilitar o processo	Como você apóia os processos e trabalhadores centrais	A Starbucks pode entregar a sua lucrativa experiência com cafés para os clientes porque ela oferece compensação melhor que o mercado em geral e benefícios empregatícios para os trabalhadores de suas lojas, que em geral são pessoas educadas, responsáveis e profissionais que trabalham meio-período

Processual	Processos centrais	Como você cria e adiciona valor às suas ofertas	O Wal-Mart continua a aumentar a sua lucratividade, através de processos centrais inovadores, como sistemas gerenciais de inventário em tempo real, contratos agressivos de volume/preços/entregas com prestadores de serviços em *merchandising*, e sistemas que dão aos gerentes das lojas a habilidade de identificar mudanças no comportamento dos clientes e a responder velozmente com novos preços e configurações de *merchandising*.
Ofertas	Desempenho do produto	Como você desenha as suas ofertas centrais	O VW Beetle (em sua forma original e na mais nova) incendiou o mercado, combinando múltiplas dimensões do desempenho do produto.
	Sistema do produto	Como você conecta uma plataforma para múltiplos produtos	A Microsoft empacota uma variedade de produtos específicos (Word, Excel, PowerPoint, etc.) em um sistema desenhado para entregar produtividade no local de trabalho.
	Serviço	Como você agrega valor aos clientes e consumidores, além e em torno de seus produtos	Um voo internacional, em qualquer companhia aérea irá levá-lo ao local que você deseja. Um voo na Cingapura Airlines, contudo, quase faz com que você se esqueça que está voando, oferecendo os serviços mais atentos, respeitosos e delicados que você possa imaginar, antes, durante e após o voo
Entrega	Canal	Como você leva as suas ofertas para o mercado	Problemas legais postos de lado, Martha Stewart desenvolveu uma compreensão tão profunda dos seus clientes que ela sabe exatamente onde estar (lojas, shows na TV, revistas, *online*, etc.) para dirigir vendas enormes de um conjunto relativamente pequeno de ofertas de produtos.

			A Absolut conquistou a categoria das vodkas com a força de um conceito de propaganda brilhante com um tema e variáveis; garrafa e embalagem fortes e um sopro de autenticidade nórdica.
Entrega	Marca	Como você comunica suas ofertas	
	Experiência do cliente	Como seus clientes se sentem quando eles interagem com a sua companhia e ofertas	A Harley-Davidson criou uma comunidade mundial de milhões de clientes, muitos dos quais descrevem a si mesmos que serem donos de uma Harley-Davidson é uma parte fundamental de como eles veem, pensam e se sentem com relação a si próprios.

Copyright Doblin. Todos os direitos reservados. Usado com permissão.

Apêndice **B**
EXEMPLOS E FONTES DE INOVAÇÃO ABERTA

Esta é uma lista de exemplos e recursos que eu acho úteis em meu trabalho com Inovação Aberta. Eu espero que você também os ache úteis. Avise-me se você achar que está faltando algo.

WEBSITES CORPORATIVOS – EXEMPLOS DE INOVAÇÃO ABERTA E INICIATIVAS DO TIPO *CROWDSOURCING*:

3M ZUKUNFT INNOVATION (NA ALEMANHA)
www.zukunft-innovation.com

BMW VIRTUAL INNOVATION AGENCY
www.bmwgroup.com/via/

CAMPBELL'S IDEAS FOR INNOVATION
www.campbellsoupcompany.com/ideas/

CISCO I-PRIZE
www.cisco.com/web/solutions/iprize/index.html

CLOROX CONNECTS
clorox.hivelive.com/pages/home

COLGATE-PALMOLIVE
www.colgate.com/app/Colgate/US/Corp/Innovation.srv

DELL IDEASTORM
www.ideastorm.com

DSM LICENSING
www.dsm.com/en_US/html/dlc/home_dlc.htm

ERICSSON LABS
https://labs.ericsson.com

GENERAL MILLS G-WIN
openinnovation.generalmills.com

GLAXOSMITHKLINE
innovation.gsk.com/gsk/ctx/noauth/PortalHome.do

HERSHEY'S IDEAWORKS
www.hersheys.com/contactus/ideas/

HP LABS OPEN INNOVATION OFFICE
www.hpl.hp.com/open_innovation/

IBM COLLABORATION JAM
www.collaborationjam.com

HUAWEI
www.huawei.com/partners/seeking_partners.do

INTUIT COLLABORATORY
www.intuitcollaboratory.com

Intuit Labs
intuitlabs.com

Johnson Controls Open Innovation
www.johnsoncontrols.com/publish/us/en/
products/automotive_experience/open_
innovation.html

Kraft – InnovateWithKraft
brands.kraftfoods.com/innovatewithkraft/
region.aspx

LG
www.lgtce.net/33+M52087573ab0.html

Medtronic
www.medtronic.com/innovation/idea-
submission/index.html

Nestlé
www.nestle.com/NestleResearch/
GlobalRnD/OpenInnovationAndPartners/
OpenInnovationAndPartners.htm

Netflix Prize
www.netflixprize.com

Nokia
research.nokia.com/openinnovation

P&G Conecte + Desenvolva
www.pgconnectdevelop.com

Philips
live.philips.com

Projeto Refresh da Pepsi
www.refresheverything.com

SAP
www.sdn.sap.com/irj/scn

SAP – Sapiens (In German)
www.sapiens.info/

Sara Lee
www.openinnovationsaralee.com/Pages/
Home.aspx

Shell GameChanger
www.shell.com/home/content/innovation/
bright_ideas/game_changer/

Siemens
www.siemens.com/innovation/en/about_
fande/cooperations.htm

Starbucks – MyStarbucksIdea
mystarbucksidea.force.com/home/home.jsp

Unilever
www.unilever.com/innovation/
collaborating/

Weyerhaeuser
www.growingideas.com/#/innovation/

INTERMEDIÁRIOS E PLATAFORMAS DE INOVAÇÃO ABERTA:

Big Idea Group
www.bigideagroup.net/

Chaordix
www.chaordix.com

EdisonNation
www.edisonnation.com

Exnovate
www.exnovate.org/

Hypios
www.hypios.com

Ideas4All
www.ideas4all.com

IdeaConnection
www.ideaconnection.com

IdeaWicket
www.ideawicket.com

InnoCentive
www.innocentive.com

InnoGet
www.innoget.com

MillionBrains
www.millionbrains.com

NineSigma
www.ninesigma.com

PHARMALICENSING
pharmalicensing.com

YET2.COM
www.yet2.com

TEKSCOUT
www.tekscout.com

YOUR ENCORE
www.yourencore.com

TOPCODER
www.topcoder.com

SOFTWARES DE INOVAÇÃO ABERTA:

FELLOWFORCE
www.fellowforce.com

INVENTIONMACHINE
www.inventionmachine.com

IMAGINATIK
www.imaginatik.com

INNO 360
inno-360.com

SPIGIT
www.spigit.com

CONFERÊNCIAS DE INOVAÇÃO ABERTA:

CONFERÊNCIA DE INOVAÇÃO ABERTA, DE
MARCUS EVANS
www.marcusevans.com/html/eventdetail.as
p?EventID=16381&ad=openinnov2010&Se
ctorID=19

CODEV – CODESENVOLVIMENTO E INOVAÇÃO
ABERTA
events.roundtable.com/codev/

OPEN INNOVATION SUMMIT
www.worldrg.com/showConference.
cfm?confCode=MW10004

MÍDIA, RECURSOS E FERRAMENTAS:

ALLTOP
alltop.com

INNOVATIONTOOLS, DE CHUCK FREY
www.innovationtools.com

BLOGGING INNOVATION, DE BRADEN KELLEY
www.business-strategy-innovation.com/
innovation-blog.html

LINKEDIN
www.linkedin.com

BUSINESSWEEK
www.businessweek.com

MITSLOAN MANAGEMENT REVIEW
sloanreview.mit.edu/

FINANCIAL TIMES
www.ft.com/home/europe

TWEETDECK
www.tweetdeck.com

HARVARD BUSINESS REVIEW
hbr.org/

Posfácio à
Edição Brasileira

— por Julio Sergio Cardozo

NUNCA SE FALOU TANTO EM INOVAÇÃO quanto agora. São muitos livros, reportagens em revistas e jornais para tratar do assunto, seminários abordando o tema. Para alguns, a inovação está ligada a temas como pesquisa, desenvolvimento e patentes. Para outros, diz respeito a mudanças e processos. Mas afinal, o que é inovação? Poderíamos definir inovação como um compromisso de sobrevivência das empresas. Em um mundo cada vez mais globalizado, repleto de desafios e infortúnios, a competição é uma verdadeira arena. E os empresários são os modernos gladiadores.

Inovação não deve ser uma obrigação exclusiva de um departamento ou de um setor na estrutura organizacional das empresas. Inovação deve ser uma questão estratégica. Não é, entretanto, um assunto a ser abordado exclusivamente pela diretoria. Aquele operário que está no chão de fábrica pode, muitas vezes, contribuir com ideias que mudarão de forma radical o processo de produção. Ele não é diretor e, portanto, não se sente responsável em trazer inovação. Mas a experiência prática lhe dá condições de propor ideias de fato inovadoras. Em alguns casos, ideias revolucionárias.

O livro fala justamente disso. Nesse aspecto, Lindegaard foi muito feliz ao chamar a atenção para a Inovação Aberta feita de forma revolucionária. O processo de inovação é um jogo onde todos desempenham o papel de peças-chave. Todos na empresa têm essa obrigação. A inovação deve ser percebida e vir de todos os lados: dos colaboradores, daqueles que estão fora da empresa, dos fornecedores, dos clientes, dos acionistas e até mesmo dos concorrentes.

A rigor, o processo criativo que leva à inovação não é estruturado como ocorre com os processos corporativos. É algo espontâneo, que acaba surgindo repentinamente. Mesmo a ideia mais simples pode resultar em uma nova forma de fazer negócios. O mundo está cheio de bons exemplos. As três empresas que figuram como as mais inovadoras do ranking da revista americana BusinessWeek de 2010 refletem bem o que Lindegaard diz. Apple, Google e Microsoft estão sempre ali, disputando a liderança em inovação.

A Apple vem revolucionando o mercado com o iPhone 4, além do tão desejado iPad, enquanto o Google criou o sistema operacional Android para *smartphones* e, agora, planeja lançar a internet Fiber, com conexão até cem vezes mais rápida do que a média utilizada pelos americanos. Já a Microsoft lançou o Windows 7 e o Outlook 2010, que sincroniza *e-mail*, contatos e aplicativos das mídias sociais. Esses produtos nasceram de ideias estimuladas por empresas que enxergam o potencial de cada um de seus talentos.

Lindegaard nos mostra como é possível criar um ambiente revolucionário dentro da organização, a que ele chama de Inovação Aberta e que se aplica a qualquer segmento econômico, quer seja uma empresa de serviços, de tecnologia, de varejo, um provedor de internet ou uma distribuidora de energia elétrica. O foco não está no processo, mas, sim, no resultado.

Este livro é indispensável para aqueles que estão preocupados com a sua própria sobrevivência nessa arena global, sendo muito importante para aqueles que já perceberam que as crises podem acontecer e afetá-los de forma direta, independente de sua vontade, porque sabem que, mesmo fazendo tudo certo, há situações que podem fugir do seu controle.

Para isso, precisam estar preparados. Mas como? Estando sempre abertos a processos inovadores que levem a empresa ao melhor desempenho e à maior lucratividade. A inovação não exige que se estabeleçam processos e, sim, que se criem meios para estimular e motivar as pessoas a pensar.

Julio Sergio Cardozo é conferencista, consultor de empresas e professor de controladoria & finanças da UERJ. Foi sócio da Ernst & Young por mais de vinte anos e Chairman & CEO da empresa na América do Sul. Fundou a Julio Sergio Cardozo & Associados, empresa de consultoria em negócios. Escreveu mais de uma centena de artigos publicados em jornais e revistas de grande circulação no Brasil e no exterior. Autor dos livros "Você Não Tem de Ceder: A Trajetória de Força e Ética de um CEO no Brasil" e "O Melhor vem depois: desvendando o enigma da longevidade", em coautoria com Andrea Giardino.

Este livro foi impresso pela Prol Gráfica em *offset* 75 g